GÉOGRAPHIE GÉNÉRALE

DE L'AMÉRIQUE

ET DE L'OCÉANIE

PRÉCÉDÉE

DE LA RÉVISION DE LA GÉOGRAPHIE MODERNE DE L'ASIE

DE L'EUROPE ET DE L'AFRIQUE

RÉDIGÉE

CONFORMÉMENT AU PROGRAMME OFFICIEL DE 1857

POUR LA CLASSE DE QUATRIÈME

PAR E. CORTAMBERT

PARIS

LIBRAIRIE DE L. HACHETTE ET Cⁱᵉ

RUE PIERRE-SARRAZIN, Nᵒ 14

Près de l'École de médecine

1858

GÉOGRAPHIE GÉNÉRALE

DE L'AMÉRIQUE

ET DE L'OCÉANIE

CLASSE DE QUATRIÈME

ATLAS DE GÉOGRAPHIE

DRESSÉS SOUS LA DIRECTION

DE M. E. CORTAMBERT.

1° **Atlas** (petit) **géographique du premier âge**, contenant 9 cartes enluminées, et précédées d'un texte explicatif. 1 volume grand in-18. Prix, cartonné. 75 c.

2° **Atlas** (petit) **de géographie ancienne**, composé de 12 cartes enluminées, format 1/4 de jésus. 1 vol. gr. in-8. Prix, cart. 1 fr. 75 c.

3° **Atlas** (petit) **de géographie du moyen âge**, composé de 12 cartes enluminées, format 1/4 de jésus. 1 vol. grand in 8. Prix, cartonné. 1 fr. 75 c.

4° **Atlas** (petit) **de géographie moderne**, composé de 12 cartes. Nouvelle édition gravée sur acier. Grand in-8. Prix, cart. 2 fr. 50 c.

Chaque carte de cet atlas, séparément. 20 c.

Cet atlas est approprié à la classe de Sixième.

5° **Atlas** (petit) **de géographie ancienne et moderne**, composé de 24 cartes enluminées. 1 vol. grand in-8. Prix, cart. 3 fr. 50 c.

6° **Atlas** (petit) **de géographie ancienne, du moyen âge et moderne**, composé de 36 cartes enluminées. 1 volume grand in-8. Prix, cartonné. 5 fr.

7° **Atlas** (nouvel) **de géographie moderne**, contenant 40 cartes enluminées, format 1/4 de jésus. 1 vol. gr. in-4. Prix, cart. 7 fr. 50 c.

Cet atlas est approprié aux classes de Cinquième, de Quatrième, de Troisième et de Seconde.

8° **Atlas** (nouvel) **de géographie**, contenant en 64 cartes la cosmographie, la géographie physique, la géographie historique ancienne et moderne. 1 vol. grand in-4. Prix, cartonné. 10 fr.

Chaque carte de cet atlas séparément. 15 c.

9° **Atlas** (petit) **de géographie moderne**, augmenté d'une carte géologique de la France et d'une carte de la France divisée en bassins hydrographiques avec la distribution des espèces animales, végétales et minérales. 1 vol. grand in-8. Prix, cartonné. 3 fr.

Cet atlas est approprié à la classe de Rhétorique.

Ch. Lahure, imprimeur du Sénat et de la Cour de Cassation, rue de Vaugirard, 9, près de l'Odéon.

GÉOGRAPHIE GÉNÉRALE

DE L'AMÉRIQUE

ET DE L'OCÉANIE

PRÉCÉDÉE

DE LA RÉVISION DE LA GÉOGRAPHIE MODERNE DE L'ASIE
DE L'EUROPE ET DE L'AFRIQUE

RÉDIGÉE

CONFORMÉMENT AU PROGRAMME OFFICIEL DE 1857
POUR LA CLASSE DE QUATRIÈME

PAR E. CORTAMBERT

PARIS

LIBRAIRIE DE L. HACHETTE ET C⁰

RUE PIERRE-SARRAZIN, N° 14

(Près de l'École de médecine)

—

1858
1857

RÉVISION

DE LA GÉOGRAPHIE MODERNE

DE L'ASIE, DE L'EUROPE
ET DE L'AFRIQUE.

ASIE.

Situation, Limites, Étendue et Côtes. — L'Asie occupe la partie orientale de l'ancien continent, et s'étend du 1er au 78e degré de latitude boréale, et du 23e degré de longitude orientale au 172e de longitude occidentale.

Elle tient, vers l'O., à l'Europe et à l'Afrique par trois espaces de terre : le plus grand et le plus septentrional est le territoire des monts *Ourals* et du fleuve *Oural*; celui du milieu est l'isthme du *Caucase*, entre la mer Caspienne et la mer Noire; le plus méridional est l'isthme de Suez, qui conduit en Afrique, et qui se trouve resserré entre la mer Rouge et la Méditerranée.

Partout ailleurs l'Asie est enveloppée par la mer :

Au N., elle est baignée par *l'océan Glacial arctique*, presque impraticable pour la navigation.

Au N. E., le détroit de *Beering* la sépare de l'Amérique.

A l'E., elle a le *Grand océan*, qu'on appelle aussi, assez improprement, *océan Pacifique* ou *mer du Sud*, et qui forme sur les côtes asiatiques les mers de *Beering*, d'*Okhotsk*, du *Japon*, la mer *Jaune*, la mer *Bleue*, *Orientale* ou de *Corée*, et la mer *Méridionale* ou mer de *Chine*.

Au S., elle est limitée par le détroit de *Malacca* et par l'*océan Indien*, qui produit les grands enfoncements du golfe du *Bengale*, de la mer d'*Oman*, du golfe *Persique*, de la mer *Rouge* ; cette dernière, nommée aussi golfe *Arabique*, est étroitement resserrée entre l'Asie et l'Afrique, et ne communique au reste de l'océan que par le dangereux détroit de *Bab-el-Mandeb*.

La *Méditerranée*, avec quelques-uns de ses principaux enfoncements, c'est-à-dire l'*Archipel*, la mer de *Marmara*, la mer *Noire*, baigne l'Asie à l'O. La mer *Caspienne* forme aussi une assez grande partie de sa limite de ce côté.

L'Asie offre, comme l'Europe, des côtes très-irrégulières, et l'on y voit de grandes presqu'îles :

A l'O., est celle de l'*Asie Mineure*, située entre la Méditerranée proprement dite et la mer Noire, et célèbre par sa beauté, par son ancienne civilisation, par les grands événements dont elle a été le théâtre.

Au S. O., l'*Arabie* s'avance entre la mer Rouge et le golfe Persique, et présente le contraste de grands déserts arides et de petits cantons fertiles.

Au S., on voit deux grandes péninsules : l'*Hindoustan*, ou la *presqu'île occidentale de l'Inde*, belle contrée, qui se prolonge vers le midi en long cône, terminé par le cap *Comorin* ; — et l'*Indo-Chine*, ou la *presqu'île orientale de l'Inde*, comprenant elle-même la *presqu'île de Malacca*, dont le cap *Bourou* forme l'extrémité.

A l'E., on remarque la péninsule de *Corée*, fertile et très-peuplée, et celle du *Kamtchatka*, triste et froide.

La longueur de l'Asie est de 10 200 kilomètres, du N. E. au S. O., depuis le cap *Oriental*, sur le détroit de Beering, jusqu'au cap de *Bab-el-Mandeb*, sur le détroit du même nom ; elle a à peu près 8000 kilomètres du N. au S., depuis le cap *Septentrional* ou *Sévéro-Votostchnii*, sur l'océan Glacial, jusqu'au cap *Bourou*, sur le détroit de Malacca. C'est la plus grande partie continentale du monde : elle comprend plus d'espace que l'Europe et l'Afrique réunies.

Un assez grand nombre d'îles sont disséminées autour des côtes :

Dans l'océan Glacial, on remarque le triste et désert archipel *Liakhov*.

Dans le Grand océan ou dans les mers qu'il forme, on distingue la longue chaîne des *Kouriles*, l'île de *Sakhalian;* les îles de *Yéso*, *Nifon*, *Kiou-siou*, *Sikok*, qui forment l'archipel du *Japon;* les îles *Formose* et *Haï-nan*.

Dans l'océan Indien ou ses enfoncements, se trouvent les archipels *Andaman* et *Nicobar*, la belle île de *Ceylan*, les îles *Laquedives*, et la chaîne des innombrables *Maldives*, environnées de récifs dangereux.

Dans la Méditerranée, on voit l'île de *Chypre*, les îles *Sporades*, etc.

Aspect physique, Climat. — L'aspect physique de l'Asie a quelque chose de grand et de majestueux : la nature présente, dans cette partie du monde, des contrastes frappants : le centre forme un vaste plateau, entouré et soutenu par une énorme ceinture de hautes montagnes, dont les branches nombreuses se répandent dans toutes les directions; d'immenses plaines tres-fertiles s'étendent dans les parties méridionales; d'autres vastes plaines, arides et désertes, se trouvent au S. O., et dans quelques parties centrales, où elles portent le nom de *steppes;* au N., on voit des régions marécageuses et tristes, couvertes, durant une grande partie de l'année, d'une épaisse couche de glace et de neige.

Le climat est bien plus rigoureux dans le N. de l'Asie que dans les parties correspondantes de l'Europe. Au midi, on éprouve des chaleurs étouffantes.

Sur le plateau et dans les montagnes du milieu, il fait plus froid que la latitude ne semble l'annoncer. A l'E. et à l'O., la température est douce, et rappelle celle de nos régions moyennes et méridionales de l'Europe.

Montagnes. — Les montagnes qui enveloppent et soutiennent le grand *plateau central* portent différents noms :

au N., ce sont les monts *Altaï* et *Tang-nou;* — à l'O., les monts *Célestes* ou *Thian-chan*, et les monts *Bolor;* — au S. O., les monts *Bleus* ou *Thsoung-ling;* — au S., les monts *Kouen-lun* ou *Kan-ti-sse;* — à l'E., les monts *King-khan;* — au N. E., les monts *Hongour.*

On voit se détacher de ces montagnes, dans diverses directions, d'autres chaînes importantes, dont quatre, vers le N. E., le N. O., le S. O. et le S. E., marquent le partage des eaux des grands versants maritimes de l'Asie.

Vers le N. E., s'étend la chaîne des monts *Iablonoï* ou *Pommelés* (appelés encore monts *Stanovoï* ou *Neigeux*), qui va se terminer au cap Oriental.

Au N. O., est l'*Ala-tau*, séparé des monts *Ourals* ou *Poyas* par des steppes nues.

Au S. O., la chaîne de l'*Hindou-khouch* ou du *Caucase indien*, de l'*Elbours*, du *Taurus oriental* et de l'*Anti-Liban* s'avance jusqu'à l'isthme de Suez. Cette chaîne se sépare, entre le Caucase indien et le Taurus, en deux bras qui enveloppent le *plateau de la Perse.*

Au S. E., la chaîne des montagnes de l'*Indo-Chine* se prolonge jusqu'au cap Bourou.

Ces quatre grandes chaînes séparent les quatre versants de l'Asie : c'est-à-dire le versant du N., incliné vers l'océan Glacial arctique; le versant de l'E., vers le Grand océan; le versant du S., vers l'océan Indien, et le versant de l'O., vers les mers intérieures (mer Caspienne, mer d'Aral, mer Noire, Méditerranée).

Quelques autres chaînes remarquables se détachent, soit des montagnes qui environnent le plateau central, soit des quatre chaînes dont on vient de parler.

La plus considérable est l'*Himalaya*, qui s'élève un peu au sud du plateau, et qui comprend les plus hautes montagnes du globe.

Une longue chaîne qui se détache de celle-là vers le midi, parcourt l'Hindoustan jusqu'au cap Comorin, et porte sur une grande étendue le nom de *Ghattes occidentales.* Dans le voisinage, sont les *Ghattes orientales.* Le *Taurus occidental* se montre dans l'Asie Mineure.

L'*Anti-Taurus*, qui s'en sépare au N., le fait commuquer avec la haute chaîne du *Caucase*.

Le *Liban*, connu par ses aspects pittoresques et par les souvenirs historiques qui s'y rattachent, s'élève près et à l'E. de la Méditerranée.

Fleuves et Lacs. — L'Asie est partagée en six grandes divisions naturelles : le versant du N., le versant de l'E., le versant du S., le versant de l'O., le plateau central et le plateau de la Perse.

Sur le versant du N., coulent trois grands fleuves, tributaires de l'océan Glacial, et longs de plus de 3500 kilomètres ; ce sont : l'*Ob* ou *Obi* et l'*Iénisei*, qui tombent dans des golfes de même nom, et la *Léna*, qui a beaucoup d'embouchures.

Sur le versant de l'E., on voit l'*Amour* ou *Sakhalianoula*, qui débouche en face de l'île de Sakhalian, et verse ses eaux, d'un côté, dans la mer d'Okhotsk, de l'autre, dans la mer du Japon ; — le *Hoang-ho* ou fleuve *Jaune*, tributaire de la mer Jaune ; — le *Kiang*, *Yang-tse-kiang* ou fleuve *Bleu*, qui tombe, après un cours de 4500 kilomètres, dans la mer de Corée ou mer Bleue ; — le *Camboge* ou *Mè-kong*, qui se jette dans la mer de Chine ; — le *Mènam*, qui se rend dans la même mer par le golfe de Siam.

Sur le versant du S., on distingue l'*Ava* ou *Iraouaddy*, le *Brahmapoutre*, et le *Gange*, aux innombrables embouchures, tous trois tributaires du golfe du Bengale ; — le *Sind* ou *Indus*, qui tombe, par plusieurs bouches, dans la mer d'Oman ; — le *Tigre* et l'*Euphrate*, fameux dans l'histoire, et qui forment, en se réunissant, le *Chot-el-Arab*, tributaire du golfe Persique.

Sur le versant de l'O., le *Kizil-ermak* tombe dans la mer Noire ; — l'*Oural*, dans la mer Caspienne ; — le *Djihoun* ou *Amou-déria* et le *Sihoun*, dans la mer d'Aral.

Cette mer *Caspienne* et cette mer d'*Aral* peuvent être considérées comme de grands lacs. L'Asie renferme encore beaucoup d'autres lacs considérables :

Ainsi, sur le versant du N., on remarque le lac *Baïkal*, qui s'écoule dans l'Iénisei.

Sur le versant de l'E., se trouvent les lacs *P'o-yang* et *Toung-thing*, qui communiquent avec le fleuve Yang-tse-kiang.

Le versant du S. n'offre pas de lacs considérables ; mais on y voit un des plus grands marais du globe, le *Rin*, qui communique avec la mer d'Oman.

Dans le grand plateau central ou vers ses limites, sont le lac *Balkhach*, au N. O., le lac *Lob*, au milieu, le lac *Bleu* ou *Khoukhou-noor*, à l'E., et le *Tengri-noor*, au S.; dans le plateau de la Perse, on rencontre le lac *Hamoûn*.

Entre les versants de l'O. et du S., sur de petits plateaux ou dans des bassins d'où ils ne sortent par aucun écoulement, on voit les lacs d'*Ormiah* et de *Van*, et le lac *Asphaltite* ou la mer *Morte*, si célèbre dans l'histoire sainte.

Contrées et Villes principales. — L'Asie comprend 13 divisions principales, qu'on peut classer en quatre régions : 1° les pays situés sur le versant des mers intérieures et sur le plateau de la Perse, ou placés à la fois sur le versant des mers intérieures et sur celui de l'océan Indien ; 2° la région du versant du nord ou de l'océan Glacial ; 3° les pays du plateau central et du versant du Grand océan ; 4° les pays du versant de l'océan Indien.

Dans la première région, qui s'étend dans l'O. de l'Asie, on remarque :

La *Transcaucasie*, ou la *Russie asiatique occidentale*, possession russe, fertile et d'un climat tempéré, appuyée sur le flanc méridional du mont Caucase, et située entre la mer Noire et la mer Caspienne : ville principale, Tiflis.

La *Turquie d'Asie*, contrée fort belle et située avantageusement à l'extrémité occidentale de l'Asie, entre la mer Noire, l'Archipel, la Méditerranée proprement dite et le golfe Persique ; on y distingue les villes de Smyrne, d'Alep, de Damas, de Bagdad.

La *Perse* ou l'*Iran*, qui touche au N. à la mer Cas-

pienne, et vers le S. au golfe Persique et à la mer
d'Oman. Téhéran en est la capitale ; et Ispahan, une des
plus importantes villes.

L'*Afghanistan*, ou royaume de *Caboul*, qui ne touche à
la mer d'aucun côté : capitale, Caboul.

Le petit royaume de *Hérat*, rênfermé entre l'Afghanistan et la Perse : la capitale porte le même nom.

Le *Turkestan indépendant*, ou la *Tatarie indépendante*,
qui s'étend à l'E. de la mer Caspienne et autour de la
mer d'Aral, et qui offre un mélange de steppes nues et
de provinces très-fertiles.

Sur le versant de l'océan Glacial, dans le N. de l'Asie,
se trouve la *Sibérie*, ou la *Russie asiatique orientale*, immense et triste possession russe, plus vaste que l'Europe
entière et cependant à peine peuplée de trois millions
d'habitants, à cause de la rigueur du climat. La ville principale est Tobolsk.

Au centre et dans l'E. de l'Asie, sur le plateau central
et sur une grande étendue du versant de l'océan Pacifique, on voit le vaste *empire Chinois*, le plus peuplé du
globe, un des plus anciennement civilisés, et le plus
grand après l'empire Russe. Il renferme cinq contrées
principales : la Chine (qui se compose de la Chine propre
et de la Mandchourie) ; — la Corée ; — la Mongolie ; —
le Turkestan chinois ; — le Tibet (avec le Boutan). La
capitale est Pe-king.

Le *Japon* est un empire tout insulaire, placé à l'E. de
l'empire Chinois, et remarquable, comme celui-ci, par son
antique civilisation. Il se compose principalement des
îles de Nifon ou Nippon, Kiou-siou, Sikok et Yéso ; ses
deux capitales sont Yédo et Myako. Nagasaki est ensuite
la ville la plus remarquable.

Sur le versant de l'océan Indien, on remarque d'abord
les deux presqu'îles de l'*Inde*.

L'*Indo-Chine*, ou la *presqu'île orientale de l'Inde*, est

partagée entre plusieurs nations : les Anglais en ont une partie, à l'O. et au S.; les Birmans y forment un empire, dont la capitale est Ava. On y distingue aussi le royaume de Siam, capitale Bangkok ; le royaume d'An-nam, capitale Hué, et les petits États de la presqu'île de Malacca.

L'*Hindoustan*, ou la *presqu'île occidentale de l'Inde*, est une région très-riche et très-peuplée, siége d'une fort ancienne civilisation, et dont beaucoup de nations ou de conquérants se sont disputé la possession. Aujourd'hui, les Anglais en ont la plus grande partie, et leur capitale y est Calcutta, sur une branche du Gange. Les Français y possèdent Pondichéry et quelques autres villes; les Portugais ont Goa et le territoire environnant.

On trouve ensuite :

Le *Béloutchistan*, baigné par la mer d'Oman : capitale, Kélat.

L'*Arabie*, composée d'affreux déserts dans l'intérieur, de cantons assez fertiles sur les côtes, et patrie de cette active et intelligente nation des Arabes, qui s'est répandue dans un grand nombre d'autres contrées : elle est partagée en plusieurs États, et une partie reconnaît la suzeraineté de l'empire Ottoman. Villes principales, La Mecque, Mascate.

Habitants, Civilisation, Gouvernements, Religions, Langues.—La population de l'Asie s'élève à environ 600 millions d'habitants. Elle appartient en général à la race blanche ou caucasique, dans la moitié occidentale, jusqu'à l'Hindoustan inclusivement, et dans quelques parties du N.; elle est de la race jaune ou mongolique, dans la moitié orientale et chez un grand nombre de peuplades boréales. — Les Caucasiens, les Turcs, les Persans, les Afghans, les Arabes, les Hindous, sont les principaux peuples de la race caucasique. — A la race jaune appartiennent les Mongols, les Mandchoux, les Chinois, les Coréens, les Tibétains, les Japonais, une grande partie des Indo-Chinois, et, dans la Sibérie, les Samoïèdes et quelques autres tribus. On comprend sous le nom assez vague de *Tatares* (improprement *Tartares*) des peuples répandus dans les régions centrales, occidentales et septentrionales, et formés d'un mélange de Turcs et de Mongols.

On trouve encore, au S. E., dans l'Indo-Chine, des populations malaises; et il y a des habitants nègres dans quelques îles du golfe du Bengale.

Les principales langues de l'Asie sont l'*arabe*, l'*arménien*, le *géorgien*, le *russe*, le *turc*, le *persan* (auquel se rattache le *pouchtou* ou *afghan*), le *sanscrit*, l'*hindoustani*, le *pali*, le *birman*, le *siamois*, l'*an-namique*, le *chinois*, le *japonais*, le *tibétain*, le *mandchou*, le *mongol*, le *malais* ou *malay*.

EUROPE.

Situation, Limites, Étendue et Côtes. — L'Europe, placée dans le N. O. de l'ancien continent, à l'O. de l'Asie et au N. de l'Afrique, est une presqu'île qui tient au reste du continent par deux côtés : à l'E., par le territoire des monts *Ourals* et du fleuve *Oural*, situé au N. de la mer *Caspienne;* au S. E., par l'isthme du mont *Caucase*, entre la mer Caspienne et la mer Noire.

Au N., elle est baignée par l'océan Glacial arctique, qui forme sur ses côtes les mers *Blanche* et de *Kara;* à l'O., elle l'est par l'Atlantique, qui, en pénétrant dans les terres, prend différents noms, tels que ceux de mer *Baltique*, mer du *Nord*, *Manche*, mer d'*Irlande*, mer de *France* ou golfe de *Gascogne*.

Au S., l'Europe est limitée par le détroit de *Gibraltar* et par la *Méditerranée*, qui comprend beaucoup d'enfoncements, comme la mer *Tyrrhénienne*, la mer *Adriatique*, la mer *Ionienne*, l'*Archipel*, la mer de *Marmara*, la mer *Noire* et la mer d'*Azov*.

Cette partie du monde s'étend, dans la latitude N., depuis le 35ᵉ degré (île de Candie) jusqu'au 77ᵉ degré, si l'on y comprend la Nouvelle-Zemble, et jusqu'au 71°, si l'on s'arrête au cap Nord ; en longitude, elle s'allonge depuis le 13ᵉ degré à l'O. du méridien de Paris jusqu'à 63° à l'E.

La longueur de l'Europe, du N. E. au S. O., depuis l'embouchure de la rivière *Kara* dans la mer de ce nom, jusqu'au cap *Saint-Vincent*, est de 5400 kilomètres. Du N. au S., depuis le cap *Nord* jusqu'au cap *Matapan*, on compte 4000 kilomètres.

Les côtes de l'Europe sont très-irrégulières, et dessinent beaucoup de presqu'îles ; on y voit aussi beaucoup d'îles. Au N., on remarque la péninsule *Scandinave* et la presqu'île *Danoise*, qui s'avancent l'une en face de l'autre, à l'O. de la mer Baltique. — Au N. E., se trouve la grande terre, peu connue, de la *Nouvelle-Zemble.* — Au N., sont les îles *Lofoden*, l'archipel *Danois* (Seeland, Fionie, etc.) ; les îles de la Baltique (*Gottland*, etc.) — Au N. O., est l'importante île de la *Grande-Bretagne*, à côté de laquelle s'étend une autre île considérable, l'*Irlande*. Ces deux îles, les plus grandes de l'Europe, composent, avec les îles *Hébrides*, *Orcades* et *Shetland*, l'*archipel Britannique*. Plus loin, aussi vers le N. O., on voit les îles *Færœer* et enfin l'*Islande*, tout à fait isolée, qui est rattachée à l'Europe par plusieurs géographes, mais qui appartient plutôt à l'Amérique. — Au S., on remarque la péninsule *Hispanique*, qui s'avance entre la Méditerranée et l'Atlantique, et près de laquelle sont les îles *Baléares* ; — la péninsule de l'*Italie*, située entre les mers Tyrrhénienne et Adriatique, et dans le voisinage de laquelle sont les grandes îles de *Sicile*, de *Sardaigne* et de *Corse* ; — la *Morée*, placée entre la mer Ionienne et l'Archipel, et près de laquelle sont les îles *Ioniennes*, l'île de *Négrepont*, les îles *Cyclades* et l'île de *Candie* ; — la *Crimée*, entre la mer Noire et la mer d'Azov.

L'isthme de *Corinthe* unit la Morée au continent ; l'isthme de *Pérékop* y joint la Crimée.

Aspect physique, Climat, Montagnes. — L'Europe est froide et peu fertile au N. ; ailleurs, elle offre un sol généralement fécond et surtout bien cultivé; dans le midi, le climat est chaud, sans cesser d'être agréable. Les plus hautes montagnes sont vers le S.; les pays qui bordent la mer du Nord et la Baltique, et ceux de l'E., sont composés de grandes plaines.

L'Europe est divisée en deux versants : celui du N. et du N. O., incliné vers l'océan Glacial et l'océan Atlantique; et celui du S. et du S. E., incliné vers la Méditerranée et la mer Caspienne.

Ces deux versants sont séparés l'un de l'autre par une longue suite de hauteurs, qui s'étend du N. E. au S. O., depuis la frontière de l'Asie jusqu'au détroit de Gibraltar, et qui porte successivement les noms de monts *Ourals*, monts *Valdaï*, *Carpathes*, *Sudètes*, monts *Moraves*, montagnes de la *Forêt de Bohème*, montagnes des *Pins* ou *Fichtel-gebirge*, *Alpes de Souabe*, montagnes de la *Forêt-Noire*, *Alpes centrales*, *Jura*, *Cévennes*, *Pyrénées* et monts *Ibériques*.

Les chaînes secondaires les plus remarquables qui se rattachent à cette chaîne principale sont :

Vers le N., la chaîne des monts *Olonetz* et des monts *Dofrines*, qui entoure, au N. E., au N. et à l'O., le bassin de la mer Baltique, et vient se terminer dans le midi de la péninsule Scandinave.

Vers le S., la chaîne des *Alpes méridionales* et des monts *Apennins*, qui parcourt la péninsule de l'Italie, — et celle des *Alpes orientales*, qui se divise en deux rameaux, l'un dirigé vers le S., jusque dans la Morée, et appelé chaîne *Hellénique*, l'autre prolongé à l'E., vers la mer Noire, et nommé *Balkan*.

Fleuves. — La *Petchora* est le seul fleuve important qui se jette immédiatement dans l'océan Glacial.

La *Dvina septentrionale* tombe dans la mer Blanche.

La mer Baltique reçoit, au N., par le golfe de Botnie, le *Torneå* et le *Dal-elf*; — à l'E., dans le golfe de Finlande, vient se jeter la *Néva*, qui sert d'écoulement au lac Ladoga; et le golfe de Riga ou de Livonie reçoit la

Dvina méridionale. — Au S., trois fleuves se rendent dans cette mer par des amas d'eau qui sont moitié lacs, moitié golfes, et qu'on appelle des *haffs :* le *Niémen* se jette dans le Curische-haff ; la *Vistule*, dans le Frische-haff ; l'*Oder*, dans le Pommersche-haff.

Les principaux tributaires de la mer du Nord sont l'*Elbe*, le *Weser*, le *Rhin*, grand et rapide fleuve, qui a plusieurs embouchures, dont quelques-unes dans le golfe du Zuider-zee ; la *Meuse*, qui reçoit quelques branches du Rhin ; l'*Escaut*, la *Tamise* et l'*Humber*, dans la Grande-Bretagne.

La *Seine* est le seul fleuve qui se jette dans la Manche.

Dans la mer de France, se rendent la *Loire* et la *Gironde*, formée par la *Garonne* et la *Dordogne*.

L'Atlantique reçoit immédiatement le *Minho*, le *Douro*, le *Tage*, la *Guadiana*, le *Guadalquivir*, qui coulent dans la péninsule Hispanique, et le *Shannon*, dans l'Irlande.

L'*Èbre*, dans la péninsule Hispanique, se rend immédiatement dans la Méditerranée.

Dans le golfe du Lion, compris dans cette mer, va se jeter le *Rhône*, fleuve impétueux.

L'*Arno*, en Italie, est tributaire de la Méditerranée proprement dite.

La mer Tyrrhénienne reçoit le *Tibre*, peu considérable, mais qui arrose un pays célèbre dans l'histoire.

Les principaux tributaires de l'Adriatique sont le *Pô* et l'*Adige*.

La *Maritza* tombe dans l'Archipel.

La mer Noire reçoit le *Danube*, qui a environ 3000 kilomètres de cours ; elle reçoit aussi le *Dniestr* et le *Dniepr*.

Le *Don* se jette dans la mer d'Azov.

La mer Caspienne reçoit le *Volga*, le plus grand fleuve d'Europe (3500 kilomètres), et l'*Oural* ou *Iaïk* (3000 kilomètres).

Lacs. — Dans le voisinage du golfe de Finlande, sont plusieurs grands lacs qui y versent leurs eaux : le lac

Ladoga s'y écoule par la Néva; les lacs *Onéga* et *Ilmen* sont tributaires du Ladoga; le lac *Peipous* s'écoule directement dans le golfe.

Le lac *Mælar* et le lac *Vetter*, dans la péninsule Scandinave, communiquent avec la mer Baltique.

Le lac *Vener*, dans la même péninsule, s'écoule dans le Cattégat, partie de mer qui se trouve entre la mer Baltique et la mer du Nord.

Le lac de *Constance* est formé par le Rhin, et dans ce même fleuve s'écoulent les eaux des lacs de *Zurich*, de *Lucerne* et de *Neuchâtel*.

Le lac de *Genève*, un des plus beaux de l'Europe, est produit par le Rhône.

Le Pô reçoit les eaux des lacs *Majeur*, de *Côme* et de *Garde*.

Le lac *Balaton*, au centre de l'Europe, s'écoule dans le Danube.

Contrées et villes principales. — Les pays d'Europe peuvent êtres classés en 3 régions : 1° les pays placés entièrement sur le versant de l'océan Atlantique et de l'océan Glacial; 2° les pays situés à la fois sur les deux grands versants de l'Europe; 3° les pays situés sur le versant méridional seulement.

Dans la première de ces régions, il y a 6 États : le premier qui se présente, en allant de l'O. à l'E., est le royaume des *îles Britanniques*, qu'on appelle aussi *Royaume-Uni de Grande-Bretagne* et d'*Irlande*, et qui se compose : 1° de la Grande-Bretagne (comprenant l'Angleterre, le pays de Galles et l'Ecosse); 2° de l'Irlande; 3° des groupes des îles Hébrides, Orcades et Shetland. Ce royaume n'est qu'une petite partie du vaste empire Britannique, qui s'étend encore sur de grandes contrées en Asie, en Afrique, en Amérique et dans l'Océanie. La capitale est Londres, sur la Tamise.

Le royaume de *Belgique* et le royaume des *Pays-Bas*, appelé aussi *Néderlande*, *Néerlande* ou *Hollande*, sont situés sur la côte méridionale de la mer du Nord, vers les embouchures de l'Escaut, de la Meuse et du Rhin. La capitale de la Belgique est Bruxelles ; celle de la Hollande est La Haye : mais Amsterdam y est la ville la plus importante.

On remarque ensuite le royaume de *Prusse* ou les *États Prussiens*. Cette monarchie se compose de deux parties séparées, dont la plus grande, à l'E., s'étend vers la mer Baltique, et l'autre, à l'O., vers le Rhin. La capitale est Berlin.

Le royaume de *Danemark* est formé de la presqu'île Danoise, de plusieurs îles situées entre le Cattégat et la mer Baltique, enfin de l'Islande et des îles Færœer, placées dans l'Atlantique. La capitale est Copenhague, sur l'île de Seeland.

La *monarchie Scandinave* se compose du royaume de *Suède*, dont la capitale est Stockholm, vers la Baltique, et du royaume de *Norvége*, qui a pour capitale Christiania, au fond d'un golfe du même nom.

Dans la région formée des pays situés sur les deux versants à la fois, sont 6 autres divisions principales.

A l'E., on remarque la *Russie d'Europe*, qui s'étend de l'océan Glacial arctique à la mer Noire, et qui est plus grande que tout le reste de l'Europe. Ce n'est cependant qu'une partie du vaste empire Russe, qui se prolonge aussi en Asie et en Amérique. La capitale est Saint-Pétersbourg, à l'embouchure de la Néva dans le golfe de Finlande. — Dans l'O. de la Russie, est compris le royaume de *Pologne*, dont la capitale est Varsovie, sur la Vistule. — Dans le N. O., se trouve le grand-duché de *Finlande*.

L'empire d'*Autriche*, traversé par le Danube et baigné par l'Adriatique, est un assemblage de pays très-différents entre eux par le langage, les mœurs et l'aspect : on y voit l'Autriche propre, la Hongrie, la Bohème, le Tyrol, etc. La capitale est Vienne, sur le Danube.

Au centre même de l'Europe, est l'importante contrée d'*Allemagne*, répartie entre 35 États, parmi lesquels les deux plus puissants sont la Prusse et l'Autriche ; mais ces

deux monarchies ont aussi des possessions hors du territoire allemand. Le Danemark et les Pays-Bas ont quelques
petites possessions dans cette contrée. Quant aux 31 autres États, ils sont entièrement renfermés en Allemagne ;
ils en forment comme le cœur et le centre, et composent
ce qu'on peut appeler l'*Allemagne intérieure*; on y remarque, entre autres, la Bavière, le royaume de Saxe, le
royaume de Wurtemberg, le grand-duché de Bade. Tous
les États qui se partagent l'Allemagne sont confédérés :
c'est ce qu'on nomme la *confédération Germanique*. Ils
ont une diète ou assemblée, qui se tient à Francfort-
sur-le-Main.

La *Suisse*, pays de montagnes, de lacs et de curiosités
naturelles, ne touche à la mer d'aucun côté : c'est une
confédération républicaine de 22 cantons, avec trois capitales, Berne, Lucerne et Zurich, qui sont tour à tour le
siége de la diète, c'est-à-dire de l'assemblée des députés
de la nation.

La *France*, qui touche à la fois à l'Atlantique et à la
Méditerranée, est la contrée d'Europe la plus tempérée,
la plus riche par la diversité de ses produits agricoles.
La capitale de cet empire est Paris, sur la Seine.

La *péninsule Hispanique*, située au S. O. de la France,
entre l'Atlantique et la Méditerranée, renferme deux
royaumes : l'*Espagne*, capitale Madrid, et le *Portugal*,
capitale Lisbonne, à l'embouchure du Tage.

Il y a 4 divisions situées entièrement sur le versant de
la Méditerranée :
On voit d'abord l'*Italie*, divisée en plusieurs États, tels
que le royaume de Sardaigne, capitale Turin, sur le Pô ;
le grand-duché de Toscane, capitale Florence, sur l'Arno ;
les États de l'Eglise, capitale Rome, sur le Tibre ; le
royaume des Deux-Siciles, capitale Naples, sur la mer
Tyrrhénienne.

La *Turquie d'Europe*, qui n'est qu'une partie de l'empire Ottoman, s'étend entre la mer Adriatique et la mer
Noire, et a pour capitale Constantinople, admirablement

située sur le détroit qui joint la mer de Marmara à la mer Noire. — Elle a pour tributaires les trois principautés slaves et roumaines de *Servie*, de *Valachie* et de *Moldavie*.

La *Grèce*, qui comprend la Morée, est un petit royaume situé au S. de la Turquie. La capitale est Athènes, près de l'Archipel.

La petite république des *îles Ioniennes*, sous la protection de l'Angleterre, s'étend le long des côtes occidentales et méridionales de la Grèce; Corfou en est la capitale.

Population, Races, Langues. — L'Europe renferme environ 265 millions d'habitants. La Russie européenne est la contrée qui contient la plus grande population : on y compte 62 millions d'âmes. Viennent ensuite l'Autriche, qui en a 37 millions; la France, qui en comprend 36 millions; le royaume des îles Britanniques, avec 28 millions, et la Prusse, avec 17 millions.

Les parties où la population est le plus agglomérée sont la Belgique, puis les îles Britanniques, l'Italie, les Pays-Bas; la France vient après.

Tous les peuples de l'Europe sont de la race blanche ou caucasique, excepté les *Lapons*, les *Samoièdes* et quelques autres populations peu importantes du N. et de l'E., qui appartiennent à la race mongolique.

AFRIQUE.

Situation, Limites, Étendue, Côtes. — L'Afrique occupe le S. O. de l'ancien continent; elle forme une vaste presqu'île, jointe à l'Asie vers le N. E. par l'isthme de *Suez*, et entourée par la mer dans toutes les autres directions. La *Méditerranée* et le détroit de *Gibraltar*, au N.,

la séparent de l'Europe ; l'*Atlantique* la baigne à l'O. ;
l'*océan Indien*, au S. E. La mer *Rouge*, à l'E., s'enfonce
entre l'Afrique et l'Arabie.

Cette péninsule présente une forme assez régulière.
Elle est terminée, aux quatre points cardinaux, par quatre
caps célèbres : le cap *Blanc*, au N., le cap des *Aiguilles*,
au S., le cap *Vert*, à l'O., et le cap *Guardafui*, à l'E. Il
faut remarquer encore, au N., le cap *Bon*, et, au S., le
fameux cap de *Bonne-Espérance*, qui fut doublé pour la
première fois par les Européens en 1497.

L'Afrique est comprise entre le 37e degré de latitude N.
et le 35e de latitude S., et entre le 20e degré de longitude
O. et le 49e de longitude E. Sa longueur, du N. au S., est
d'environ 8000 kilomètres ; et sa plus grande largeur, de
l'E. à l'O., de 7500 kilomètres : elle est environ trois fois
aussi grande que l'Europe.

Les côtes africaines n'offrent pas de déchirures pro-
fondes, comme celles qui entrecoupent l'Asie ou l'Europe.
La Méditerranée forme cependant, vers le milieu de la
côte septentrionale, un grand enfoncement partagé en
deux golfes, ceux de la *Sidre* et de *Cabès*. L'Atlantique
produit aussi, vers le milieu de la côte occidentale, le
golfe de *Guinée*, qui comprend lui-même ceux de *Bénin*
et de *Biafra*.

La baie de *Lorenzo-Marquez* ou de *Lagoa*, beaucoup
moins considérable que les deux enfoncements précé-
dents, se montre au S. E., dans l'océan Indien, au S. du
canal de *Mozambique*, qui sépare du continent la grande
île de *Madagascar*.

Le golfe d'*Aden*, à l'E., précède la mer Rouge, avec
laquelle il communique par le détroit de *Bab-el-
Mandeb*.

Aspect physique et Climat. — L'Afrique est la plus
chaude des parties du monde. Il y a des territoires
d'une fertilité prodigieuse ; mais il s'y trouve aussi de
vastes déserts sablonneux, brûlés par le soleil : tel est
le Sahara, le plus grand désert du globe. Ça et là,

cependant, au milieu de ces régions stériles, de petites oasis viennent surprendre délicieusement par leur riante verdure.

Il y a encore, en Afrique, beaucoup de parties intérieures qui nous sont inconnues.

Excepté le long de la Méditerranée et vers l'extrémité méridionale, les côtes sont fort malsaines. Dans toute la région renfermée entre les tropiques, les pluies sont périodiques, c'est-à-dire reviennent à des époques fixes ; elles se précipitent par torrents pendant plusieurs mois, produisent d'énormes crues dans les fleuves, et inondent des contrées entières. Ensuite, il ne tombe pas une goutte d'eau pendant longtemps.

C'est du mois d'avril au mois de septembre qu'a lieu la saison des pluies au N. de l'équateur. Au S. de ce cercle, elle s'étend du mois d'octobre au mois de mars.

Montagnes. — De l'isthme de Suez au cap de Bonne-Espérance, on voit s'étendre du N. E. au S. O. la chaîne de montagnes la plus importante pour le partage des eaux : elle sépare les tributaires de l'océan Indien de ceux de l'Atlantique et de la Méditerranée. Elle s'appelle monts *Arabiques*, dans le N. E. ; vers l'E., on remarque les montagnes de l'*Abyssinie*, dont les plus hautes parties sont les monts de *Sémen* ; vers le centre, d'anciens géographes l'ont appelée montagnes de la *Lune* : mais elle est à peu près inconnue dans cette partie, de même que sur un long espace qui s'étend vers le S. ; cependant elle est sans doute formée, sur une certaine étendue, par les monts *Kénia* et *Kilimandjaro*, découverts depuis peu de temps ; enfin, en s'approchant du cap de Bonne-Espérance, on la retrouve sous les noms de *Sneeuwberg* et de *Nieuwveld*.

Une chaîne importante court sur la limite méridionale du versant de la Méditerranée : c'est le mont *Atlas*.

La longue chaîne des monts *Lupata*, qu'on a quelquefois appelée l'*Épine du monde*, s'étend du N. N. E. au S. S. O., dans le S. E. de l'Afrique. Les montagnes de

Kong, dirigées de l'E à l'O., se trouvent dans la partie occidentale.

Fleuves et Lacs. — L'Afrique paraît être partagée en cinq grandes divisions naturelles : le versant de la Méditerranée, au N.; le versant de l'Atlantique, à l'O.; le versant de l'océan Indien, à l'E., et les deux grands bassins intérieurs, c'est-à-dire ceux du lac Tchad et du lac Ouniamési.

Sur le versant de la Méditerranée, le plus grand fleuve est le *Nil*, formé par le *Bahr-el-Abiad* ou *Nil Blanc* et le *Bahr-el-Azrak* ou *Nil Bleu*.

On voit couler, sur le même versant, des fleuves beaucoup moins considérables, tels que la *Medjerda*, le *Chélif*, la *Malouia*.

Sur le versant de l'Atlantique, on remarque le *Sénégal*, la *Gambie*, le *Rio Grande*, le *Diali-ba*, *Kouarra* ou *Niger*, qui se jette dans le golfe de Guinée par plusieurs embouchures ; le *Zaïre* ou *Coango*, la *Coanza*, l'*Orange* ou *Gariep*.

Sur le versant de l'océan Indien, coulent des fleuves encore inconnus dans la plus grande partie de leur cours : le *Zambèze* ou *Cuama*, qui se jette dans le canal de Mozambique ; le *Luvuma*, le *Loffih*, l'*Adi*, le *Dana*, le *Djob*.

Dans le bassin du lac Tchad, on voit circuler le *Yeou* et le *Chary*, tributaires de ce lac. On ne connaît pas les grands fleuves qui peuvent appartenir au bassin de l'Ouniamési.

Le *Tchad* est un des plus grands lacs de l'Afrique. On remarque, au N. E. du lac Tchad, le lac *Fittré*, fort peu connu.

Dans le N. de l'Afrique, on voit le lac *Melghigh*, près et au S. du mont Atlas. — A l'E., vers la source du Bahr-el-Azrak, est le lac *Dembéa*, traversé par cette rivière.

Sur le versant de l'O., est le lac *Dibbie*, formé par le Diali-ba.

L'*Ouniámési* ou *Ukérévé*, qu'on vient de découvrir, est sans doute le lac le plus considérable de l'Afrique: il occupe un espace immense au S. de l'équateur ; le lac *N'yassi* n'en est peut-être que l'extrémité S. E.

Beaucoup plus au S., on distingue le lac *N'gami*.

Contrées et Villes principales. — L'Afrique est divisée en 17 contrées principales, qu'on peut classer en 6 régions : 1° la région du Nil et de la mer Rouge ; 2° la région de la Méditerranée ; 3° les pays baignés par l'Atlantique ; 4° un pays à la fois sur l'Atlantique et l'océan Indien ; 5° les pays baignés par l'océan Indien seulement ; 6° les pays intérieurs, qui ne sont baignés par aucune mer.

Trois pays sont situés dans le bassin du Nil :

On voit d'abord, au N. E., entre la mer Rouge et la Méditerranée, l'*Égypte*, fécondée par le Nil, fameuse par son ancienne civilisation, par ses intéressantes ruines, et gouvernée aujourd'hui par un puissant pacha, tributaire de l'empereur de Turquie : capitale, Le Caire, sur le Nil.

A l'E., vers la mer Rouge, on remarque la *Nubie*, soumise en grande partie au pacha d'Égypte, et dont une des villes principales est *Khartoum*, au confluent des deux Nils ; — l'*Abyssinie*, pays montagneux et pittoresque, divisé aussi en plusieurs Etats, parmi lesquels on distingue celui d'Amhara, qui a pour capitale Gondar, et ceux du Tigré et de Choa.

On peut rattacher à cette région le *Somâl*, qui s'étend au S. E. du détroit de Bab-el-Mandeb et occupe l'extrémité orientale de l'Afrique. Zeilah en est une des villes principales.

La région de la Méditerranée se compose de la *Barbarie*, longue contrée qui s'étend sur la côte méridionale de la Méditerranée ; elle renferme : le royaume de Tripoli, capitale, Tripoli ; — le royaume de Tunis, capitale, Tunis ; — l'Algérie, colonie française, capitale, Alger ; — l'empire de Maroc, capitale, Maroc.

Les pays qui ne sont baignés que par l'océan Atlantique sont au nombre de six :

Le *Sahara* ou *Grand désert*, placé au S. de la Barbarie, touche vers l'O. à l'Atlantique, mais s'étend en même temps au loin dans l'intérieur. Quelques oasis se présentent çà et là au milieu de ses affreuses solitudes, et, parmi les peuples qu'on y voit errer, il faut distinguer les Touaregs et les Tibbous.

La *Sénégambie*, contrée extrêmement fertile et très-chaude, qui tire son nom du Sénégal et de la Gambie, est partagée entre les Français, les Anglais, les Portugais et un grand nombre de peuples indigènes : ville principale, Saint-Louis, sur le Sénégal, aux Français.

La *Guinée supérieure* ou *septentrionale*, ou l'*Ouankarah*, environne, au N. et au N. E., le grand golfe de Guinée : on y remarque les côtes de Sierra-Leone, des Graines, des Dents, la côte d'Or, celle des Esclaves et celle de Bénin ; plusieurs établissements français, anglais et hollandais ; l'intéressante colonie américaine de Libéria pour les nègres affranchis, et l'empire d'Achanti, dont la capitale est Coumassie.

La *Guinée inférieure* ou *méridionale* renferme le royaume de Congo, et ceux d'Angola et de Benguela, presque entièrement soumis aux Portugais.

La *Cimbebasie* doit son nom à la nation des Cimbebas.

La *Hottentotie*, qui ne touche que faiblement à l'Atlantique, à l'O., tire son nom de ses habitants, les Hottentots.

La colonie du *Cap*, à l'extrémité méridionale de l'Afrique, est la région située sur la limite de l'Atlantique et de l'océan Indien ; elle est terminée au S. O. par le célèbre cap de Bonne-Espérance, auquel elle doit son nom ; la capitale s'appelle Le Cap. Cette colonie appartient aux Anglais, après avoir été longtemps soumise aux Hollandais.

Dans la 5e région, celle des pays baignés seulement par l'océan Indien, on trouve les deux divisions suivantes :

La capitainerie générale de *Mozambique*, colonie portugaise, séparée, par le canal du même nom, de l'île de Madagascar : capitale, Mozambique, sur une petite île.

Le *Zanguebar*, dépendant, en grande partie, du sultan de Zanzibar, prince arabe, qui est aussi sultan de Mascate ; la ville principale est Zanzibar, dans l'ile du même nom.

Dans l'intérieur, on trouve trois grandes contrées :

L'une est le *Soudan* ou la *Nigritie septentrionale*, appelée aussi *Takrour*, qui s'étend des plaines du Sahara aux montagnes de Kong, et depuis la Nubie jusqu'à la Sénégambie ; elle se divise en un grand nombre de royaumes et de pays, tels que ceux de Timbouctou, de Haoussa, de Bournou, de Darfour : une des villes les plus célèbres est Timbouctou. — La seconde contrée est la *Nigritie méridionale*, la partie la moins connue de l'Afrique, et où l'on place, presque au hasard, le royaume de Ninéanaï, l'Ouniamési, le Cassange, les Cazembes, etc. — La troisième est la *Cafrerie indépendante* ou *intérieure*, située au S. de la Nigritie méridionale, à l'O. du Mozambique ; on y remarque le pays du Monomotapa. (La partie de la Cafrerie qui est baignée par l'océan Indien est comprise en grande partie dans la colonie anglaise du Cap.)

Habitants. — On ne sait guère combien d'habitants renferme l'Afrique : on croit cependant qu'il n'y en a pas moins de 100 millions.

Quoique ceux du N. appartiennent à la race blanche, ils sont en général fortement bronzés par l'action d'un soleil ardent, et quelques-uns même ont un teint à peu près noir, mais ils ont la physionomie des blancs ; tels sont les Maures, les Kabayles ou Berbères, auxquels appartiennent les Touaregs ; les Coptes ou Egyptiens proprement dits, les Nubiens, les Abyssins ou Ethiopiens. Plusieurs peuples étrangers sont venus s'y mêler aux indigènes africains . on remarque surtout des Turcs et des Arabes ; ils y a aussi, depuis la conquête d'Alger, un assez grand nombre d'Européens, et particulièrement de Français.

Les Fellatah, les Mandingues, les Gallas, peuples considérables, répandus dans les parties moyennes, ainsi que dans l'O. et dans l'E., ont le teint brun et rougeâtre.

Les autres Africains sont des nègres, au front déprimé, aux joues proéminentes, au nez large et épaté, aux cheveux laineux. On les divise en trois principales familles : les *nègres proprement dits*; — les *Cafres*, dont la couleur est d'un gris d'ardoise, et qui sont plus intelligents et mieux faits que la plupart des autres nègres; — les *Hottentots*, qui ont une couleur à peu près bistre.

Beaucoup d'Anglais, de Hollandais et de Portugais se sont établis dans la région du sud, et les Arabes s'étendent assez loin sur la côte orientale.

Les Madécasses ou Malgaches, peuple basané qui habite Madagascar, font partie de la race malaise.

Iles voisines de l'Afrique. — Dans l'Atlantique, on remarque : les îles *Açores*, situées à l'O. du Portugal (dont elles dépendent), et favorisées d'un beau climat, fertiles en excellents fruits, mais exposées aux tremblements de terre; — les îles *Madère*, autre intéressante possession portugaise; — les belles îles *Canaries*, qui appartiennent aux Espagnols, et dont la plus considérable est Ténériffe, célèbre par son haut pic volcanique; — les îles du *Cap-Vert*, pierreuses et malsaines, aux Portugais; — l'île anglaise de l'*Ascension*, stérile rocher, mais célèbre par ses énormes tortues; — *Fernan-do-Po*, dans le golfe de Guinée, aussi aux Anglais; — *Sainte-Hélène*, autre possession anglaise, très-éloignée de tout continent, et devenue célèbre par l'exil et la mort de Napoléon Ier; — les îles *Tristan da Cunha*, fort reculées vers le S., et habitées par une petite colonie anglaise.

Dans l'océan Indien, on trouve :

Madagascar ou *Malgache*, une des plus grandes îles du monde, avec des côtes marécageuses et malsaines, mais un intérieur montagneux et salubre : les Hovas en sont le peuple principal; — la *Réunion*, belle île française, fertile en bon café; — l'île *Maurice*, autre précieuse colonie, autrefois aux Français, maintenant à l'Angleterre; — les îles *Comores*, situées dans le N. du canal de Mozambique, et gouvernées, en général, par des sultans arabes, mais dont l'une, *Mayotte*, est aux Français; — *Zanzibar*, située près de la côte de Zanguebar, et soumise à un sultan arabe; — les îles *Séchelles*, aux Anglais, nombreuses, petites et entourées d'écueils; — l'île *Socotora*, dépendante aussi des Anglais, à l'E. du cap Guardafui; — la terre de *Kerguelen* ou de la *Désolation*, placée bien loin au S. E. de l'Afrique, et composée d'une masse de rochers déserts.

GÉOGRAPHIE GÉNÉRALE

DE L'AMÉRIQUE ET DE L'OCÉANIE.

DESCRIPTION DES CONTRÉES DE L'AMÉRIQUE.

ÉTATS-UNIS.

Les États-Unis, qu'on appelle aussi l'Union américaine, sont la plus vaste confédération et la plus puissante république du monde; ils occupent le milieu de l'Amérique septentrionale, et s'étendent depuis l'Atlantique, à l'E., jusqu'au Grand océan, à l'O. Ils sont baignés au S. par le golfe du Mexique, et au N. par les lacs Supérieur, Michigan, Huron, Saint-Clair, Erié, Ontario, et le cours supérieur du Saint-Laurent. Ils ont 4500 kilomètres de longueur, de l'E. à l'O., 2200 kilomètres de largeur, du N. au S., et ils égalent en superficie l'étendue de l'Europe.

La plus haute chaîne des États-Unis est celle des monts *Rocheux*, qui court du N. au S., dans la partie occidentale de la confédération.

Les monts *Alleghany* ou *Apalaches*, dans la partie orientale, sont formés de plusieurs chaînes parallèles, dirigées du N. E. au S. O.

Le *Mississipi* traverse du N. au S. les États-Unis, et se jette dans le golfe du Mexique, après un cours de plus de 4500 kilomètres. Son principal affluent, à droite, est le *Missouri*, qui descend des monts Rocheux, se grossit de la *Plate*, du *Kansas*, etc., et a un cours de 5000 kilomètres; le Mississipi reçoit encore, du même côté, l'*Arkansas* et la *rivière Rouge*; — à gauche, il a pour affluents l'*Illinois* et l'*Ohio*, grossi lui-même du *Wabash* et du *Tennessee*.

Parmi les cours d'eau qui coulent à l'E. des monts Alleghany et se jettent dans l'Atlantique immédiatement, les principaux sont : le *Connecticut*, l'*Hudson*, la *Delaware*, la *Susquehanna*, le *Potomac*, la *Savannah*. A l'O. des monts Rocheux, se trouvent l'*Orégon* ou *Columbia* et le *Sacramento*, qui se rendent directement dans le Grand océan, et le *Rio Colorado*, qui se jette dans la mer Vermeille.

Des différents canaux naturels qui font communiquer entre eux les lacs du nord, le plus célèbre est le *Niagara*, qui verse les eaux du lac Erié dans le lac Ontario, et qui forme une magnifique cataracte.

La plus grande partie de cette république est comprise dans l'immense bassin du Mississipi, qui s'étend entre les monts Rocheux et les monts Alleghany; ce bassin présente, à l'E. du fleuve, une riche contrée, arrosée par de magnifiques cours d'eau et entrecoupée de collines et de vallées, où l'on voit tantôt de superbes forêts, tantôt des prairies d'une fécondité admirable; à l'O., il offre de vastes savanes, couvertes de hautes herbes et traversées par de larges rivières aux rives marécageuses et boisées. Entre les monts Alleghany et l'Atlantique, s'étend le territoire le plus industrieux et le plus peuplé, arrosé par de nombreux tributaires de l'océan, et composé tantôt de belles vallées, tantôt de plaines marécageuses et sablonneuses. Entre les monts Rocheux et le Grand océan, le sol est parsemé de montagnes couvertes des plus majestueuses forêts.

Il y a, dans les États-Unis, une population d'environ 23 000 000 d'habitants; cette population s'accroit avec une grande rapidité; elle appartient à des nations très-diverses : les habitants d'origine anglaise, désignés aujourd'hui sous le nom spécial d'Américains, sont en majorité, et la langue anglaise domine dans l'Union; il y a ensuite beaucoup d'Irlandais, d'Écossais, d'Allemands, de Français et d'Espagnols. Les nègres et autres gens de couleur sont au nombre d'à peu près 3 000 000, dont 350 000 seulement sont libres. Les Indiens, dont le nombre sans cesse décroissant est d'environ 400 000, comptent, parmi leurs principales tribus, les *Creeks*, les *Chérokis*, les *Choctas* ou *Chactas*, les *Chicasas*, les *Iroquois*, les *Wisconsins*, les *Chippeways* ou *Ojib-be-was*, les *Osages*, les *Missouris*, les *Delawares*, les *Ioways*, les *Sioux* ou *Dahcotas*, les *Pânis*, les *Mandanes*, les *Pieds-Noirs*, les Indiens *Serpents*.

Les Etats-Unis se composent de trente et un États, qui forment autant de républiques distinctes, ayant leurs lois particulières et leurs administrations spéciales pour toutes les affaires purement locales ; mais les grands intérêts de la confédération sont confiés à un gouvernement électif, composé d'un président, qui possède la puissance exécutive, et d'un congrès de deux chambres législatives, savoir : le sénat et la chambre des représentants. Le président est élu pour quatre ans, les sénateurs pour six ans, et les représentants pour deux ans.

On distingue les trente et un Etats en *États de l'est*, *États du milieu*, *États du sud* et *États de l'ouest*.

ÉTATS DE L'EST : *Maine*, *New-Hampshire*, *Vermont*, *Massachusetts*, *Rhode-Island*, *Connectitut*. C'est ce qu'on appelait autrefois la NOUVELLE-ANGLETERRE.

ETATS DU MILIEU : *New-York*, *Pennsylvanie*, *New-Jersey*, *Delaware*.

ETATS DU SUD : *Maryland*, *Virginie*, *Caroline du nord*, *Caroline du sud*, *Georgie*, *Floride*, *Alabama*, *Mississipi*, *Louisiane*, *Texas*. Le petit district de *Columbia*, siége du gouvernement, est entre les Etats de Maryland et de Virginie.

ETATS DE L'OUEST : *Tennessee*, *Kentucky*, *Ohio*, *Michigan*, *Indiana*, *Illinois*, *Wisconsin*, *Missouri*, *Arkansas*, *Iowa*, *Californie*.

Il y a, en outre, sept *territoires*, qui n'ont pas assez d'importance pour avoir le titre d'Etats : ce sont le *Nouveau-Mexique*, l'*Utah*, l'*Orégon*, le *Minnesota*, le *Nébraska*, le *Kansas* et le territoire *Indien*.

Voici les villes principales de ces différentes divisions :

Dans le district de Columbia, *Washington*, capitale de la confédération, sur le Potomac, très-grande ville, mais qui n'a encore qu'environ 40 000 habitants; on y remarque le bel édifice du Capitole, où siége le congrès.

Dans les Etats de l'est : *Boston* (140 000 hab.), chef-lieu du Massachusetts, avec un beau port; *Cambridge*, près de Boston, avec une célèbre université; *Lowell* (35 000 hab.), ville très-industrieuse, dans le même Etat; — *Providence* (40 000 hab.), un des deux chefs-lieux de l'Etat de Rhode-Island.

Dans les États du milieu : *New-York*, port fameux, dans l'Etat du même nom, à l'embouchure de l'Hudson, première ville de l'Amérique par le commerce, la richesse et la population (500 000 hab.); *Brooklyn* (100 000 h.), située sur l'île Long-Island, vis-à-vis de New-York; *Albany* (50 000 hab.), chef-lieu de l'Etat de New-York; *Rochester* (40 000 hab.), *Troy* (35 000 hab.), et *Buffalo*, avec un port très-animé, sur le lac Erié, toutes trois aussi dans l'Etat de New-York, qui est l'État le plus florissant et le plus important de l'Union; — *Philadelphie* (400 000 hab.), très-belle et grande ville, dans la Pennsylvanie, sur la Delaware, près de son embouchure; *Pittsbourg* (50 000 habitants), la ville la plus industrieuse d'Amérique, sur l'Ohio, aussi dans la Pennsylvanie; — *Newark* (40 000 hab.), dans l'État de New-Jersey.

Dans les Etats du sud : *Baltimore* (170 000 hab.), port très-commerçant, sur la baie Chesapeak, dans le Maryland; — *Richmond* (30 000 hab.), chef-lieu de la Virginie; — *Charleston* (40 000 hab.), port très-commerçant, dans la Caroline du sud; — *Savannah*, port principal de la Georgie; — la *Nouvelle-Orléans* (150 000 hab.), dans la Louisiane, sur le Mississipi, avec un port très-fréquenté.

Dans les États de l'ouest : *Louisville* (45 000 hab.), sur l'Ohio, dans le Kentucky, où se trouvent aussi les petites villes de *Paris* et de *Versailles*; — *Cincinnati* (150 000 h.), dans l'État d'Ohio, sur la rivière de ce nom ; — *Saint-Louis* (100 000 hab,), dans l'Etat de Missouri, sur le Mississipi, vers le confluent du Missouri ; — *San-Francisco*, port célèbre, dans la Californie, très-fréquenté depuis la découverte des mines d'or de ce pays [1].

Il n'y a point, aux Etats-Unis, de religion dominante : tous les cultes y sont admis et protégés. Les protestants sont fort nombreux presque partout. Les catholiques sont en majorité dans le Maryland et la Louisiane.

La principale industrie est l'agriculture, qui produit surtout des grains, du sucre, du coton, du riz, du tabac. L'industrie manufacturière est particulièrement avancée dans les Etats de l'est. C'est principalement par le commerce maritime que les Etats-Unis fleurissent. Leur marine marchande est la plus considérable du globe après celle de l'Angleterre. New-York, Philadelphie, Baltimore, Boston, la Nouvelle-Orléans, Charleston, Savannah, San-Francisco, sont les ports les plus importants. De nombreux et vastes bateaux à vapeur circulent sur les grands fleuves dont l'Union est partout sillonnée. Il y a aussi un grand nombre de chemins de fer, et un admirable réseau de lignes télégraphiques électriques, très-multipliées et très-étendues.

MEXIQUE.

Le Mexique, longtemps appelé aussi Nouvelle-Espagne, est une ancienne colonie espagnole, qui forme aujourd'hui une république, dans le S. de l'Amérique septentrionale ; il est resserré entre le golfe du Mexique, à l'E., et

---

1 Les populations données dans cette description des États-Unis sont celles du dernier recensement, fait en 1850 ; mais elles se sont fort accrues depuis. On calcule que, si elles augmentent de 1850 à 1870 dans la pro-

le Grand océan, à l'O., et se rétrécit considérablement vers le S., où il n'a que 180 kilomètres de largeur, à l'isthme de *Téhuantépec.* On y remarque, à l'E., la grande presqu'île de *Yucatan*, et, à l'O., celle de *California (Vieille-Californie).* — Le Mexique est traversé dans toute sa longueur par la grande chaîne de montagnes qui divise l'Amérique en deux versants. Il a, vers le milieu, une douce température, à cause de l'élévation du sol : mais, vers les côtes, son climat est trop chaud. Il est fertile en bananiers, manioc, pommes de terre, ignames, patates douces. tomates, agavés, ananas, cannes à sucre, cotonniers, palmiers, cacaoyers, vanille, jalap, bois de Campêche, acajou, nopal à cochenille, etc.; et il y a dans ce pays des mines inépuisables d'argent et d'or.

Les villes les plus remarquables sont : *Mexico* (200 000 hab.), capitale de la république, dans une belle vallée ; *Guadalaxara* ; *La Puebla* ; *Guanaxuato*, avec les plus riches mines d'argent du monde ; *Queretaro* ; *La Vera-Cruz*, la principale ville maritime de la côte orientale du Mexique ; *Acapulco, Mazatlan*, ports de la côte occidentale.

On trouve au Mexique, particulièrement vers le S., un grand nombre de ruines de monuments construits par un peuple dont on ignore l'histoire, mais qui était certainement plus avancé dans la civilisation que ne le sont les Indiens actuels de ce pays.

La population de la république est d'environ 7 000 000 d'habitants ; elle est en grande partie composée d'anciens *Espagnols* et d'Indiens de la famille des *Aztèques.*

Le Yucatan, quoique considéré comme une partie du Mexique, s'est déclaré indépendant; il renferme des ruines très-curieuses, et possède beaucoup de bois de Campêche et d'acajou. La capitale est *Merida.* On y voit aussi *Campêche*, connue par son bois de teinture et située sur une baie du même nom.

portion qu'elles ont offerte de 1830 à 1850, New-York devra avoir, en 1870, 1 309 000 habitants ; Saint Louis, 1 636 000 ; Philadelphie, 717 000 ; Cincinnati, 537 000.

Sur la côte orientale du Yucatan, est la colonie anglaise de *Balize*, centre d'un grand commerce d'acajou et de bois de teinture.

AMÉRIQUE CENTRALE.

L'Amérique centrale, qui est la partie la plus méridionale de l'Amérique du nord, a formé longtemps une colonie espagnole sous le nom de capitainerie générale de Guatémala; elle compose aujourd'hui cinq républiques distinctes : celle de *Guatémala*, la plus importante, avec une population de 900 000 habitants; et celles de *Honduras*, *San-Salvador*, *Nicaragua* et *Costa-Rica*. On y remarque la rivière *Saint-Jean* ou *San-Juan*, qui sort de l'extrémité orientale du lac de *Nicaragua*. Ce lac reçoit au N. O. les eaux du lac de *Léon* ou de *Managua*, et ne se trouve qu'à 22 kilomètres du Grand océan, auquel on a le projet de l'unir par un canal.

Les villes principales sont : *Guatémala* (60 000 hab.), capitale de la république de Guatémala, près du Grand océan; *Comayagua*, capitale du Honduras; *San-Salvador*, capitale de la république du même nom; *Léon* et *Granada*, qui ont été tour à tour capitales du Nicaragua; *San-Juan del Norte* ou *Greytown*, située dans le même Etat, à l'embouchure de la rivière *San-Juan*; *San-José*, capitale de l'Etat de Costa-Rica.

Outre les cinq républiques, l'Amérique centrale comprend, à l'E., le royaume des *Mosquitos*, peuple sauvage, qui s'est placé sous la suzeraineté de l'Angleterre. — Elle a une population totale d'un peu plus de 2 000 000 d'habitants.

HAÏTI.

Haïti ou Saint-Domingue est une des quatre Grandes Antilles. Elle est située à l'E. de Cuba et à l'O. de Porto-Rico. C'est la seule des îles Antilles qui n'appartienne pas aux Européens. Elle était autrefois partagée entre les Français, qui avaient l'O., et les Espagnols, qui possédaient la partie orientale ; elle a formé ensuite une république, établie par des nègres et des mulâtres révoltés ; aujourd'hui elle compose deux États : à l'ouest, l'empire d'*Haïti*, qui a pour capitale *Port-au-Prince* (30 000 hab.), et pour seconde ville *Le Cap-Haïtien* (autrefois Le Cap-Français) ; — à l'E., la république *Dominicaine*, dont la capitale est *Saint-Domingue* ou *Santo-Domingo*.

Cette île est une des plus belles parties de l'Amérique ; elle fournit beaucoup de productions précieuses, surtout du café, du sucre et du coton. La population est d'environ 1 000 000 d'habitants.

NOUVELLE-GRENADE.

La Nouvelle-Grenade a fait quelque temps partie d'une république qu'on a nommée Colombie, en l'honneur de Christophe Colomb ; elle forme aujourd'hui une république particulière ; elle est bornée au N. O. par l'Amérique centrale, au N. par la mer des Antilles, qui produit sur cette côte le golfe de Darien, à l'E. par le Vénézuéla, au S. par la république de l'Equateur, à l'O. par le Grand océan, qui y forme le golfe de Panama. Elle est, en grande partie, couverte par la *Cordillère des Andes*; le fleuve principal est la *Madeleine* ou *Magdalena*, qui va au N. se jeter dans la mer des Antilles.

Il y a, sur les montagnes, des plateaux fertiles; des vallées très-fécondes s'étendent au pied de la Cordillère. Dans l'E. de la contrée, se trouvent des plaines immenses, tantôt nues et stériles, tantôt fertiles et verdoyantes, suivant l'époque de la sécheresse et celle des pluies. On les appelle *Llanos* en espagnol.

La Nouvelle-Grenade comprend, au N. O., l'*isthme de Panama*, qui est coupé par un chemin de fer.

Cette république est peuplée de 1 500 000 habitants, et a pour capitale *Santa-Fe-de-Bogota* (ou simplement *Bogota*), avec 40 000 habitants; les autres villes principales sont *Popayan*, dans l'intérieur, *Carthagène des Indes*, *Sainte-Marthe*, *Chagrès*, *Aspinwall*, ports sur la mer des Antilles; *Panama*, sur l'isthme et le golfe du même nom ; *San-Buenaventura*, port sur le Grand océan.

C'est entre Aspinwall et Panama que s'étend le chemin de fer.

VÉNÉZUÉLA.

Le Vénézuéla est une autre république, formée de la partie N. E. de la Colombie, et bornée au N. par la mer des Antilles, au N. E. par l'Atlantique, à l'E. par la Guyane anglaise, au S. par le Brésil, à l'O. par la Nouvelle-Grenade. La côte présente le golfe de *Maracaybo*, près duquel s'étend un grand lac circulaire du même nom. L'*Orénoque* ou *Orinoco* arrose cette contrée, et s'y jette dans l'Atlantique, par plusieurs embouchures.

Le Vénézuéla offre généralement un mélange de montagnes médiocrement élevées et de plaines productives. Il est exposé à de violents tremblements de terre.

Il est peuplé de 1 000 000 d'hab., et a pour capitale *Caracas* (30 000 hab.), près de la mer des Antilles; *La Guayra* est le port de cette ville. Les autres villes principales sont *Cumana*, port sur la mer des Antilles; *Ciudad-Bolivar* ou *Angostura*, sur l'Orénoque; *Maracaybo*, sur le détroit qui réunit le lac et le golfe de Maracaybo.

ÉQUATEUR.

La république de l'Equateur, formée de la partie S. O. de la Colombie, est limitée au N. par la Nouvelle-Grenade, à l'E. par le Brésil, au S. par le Pérou, à l'O. par le Grand océan, qui forme le golfe de *Guayaquil*. Cette contrée est traversée du N. au S. par la *Cordillère des Andes*, où l'on remarque le haut mont *Chimborazo*, le *Cotopaxi*, volcan redoutable, et l'*Antisana*.

Des plateaux fertiles couronnent quelques parties de ces montagnes, et sont parsemés de villes et de villages, de gras pâturages et de champs bien cultivés. Le quinquina est une des productions végétales les plus précieuses de ce pays; les mines d'or et d'émeraudes y sont communes.

L'Equateur renferme environ 600 000 habitants.

La république a pour capitale *Quito*, grande ville, de 50 000 hab., située au milieu des Andes et sous l'Equateur. *Guayaquil* est un port commerçant, près du golfe du même nom.

A l'O. de la république de l'Équateur, dans le Grand océan, est l'archipel des *Galapagos* ou des *Tortues*. On a formé sur l'une d'elles un petit établissement.

BOLIVIE.

La Bolivie, au S. E. du Pérou, dont elle est en partie séparée par le grand lac Titicaca ou Chucuyto, est traversée aussi par les Andes, qui y présentent quelques-uns de leurs plus hauts sommets, tels que les pics d'*Illimani* et de *Sorata*. Elle s'étend au S. O. jusqu'au Grand océan, et touche, d'un côté, au Brésil, et, de l'autre, au Chili.

La population est de 1 000 000 d'habitants. La capitale est *Chuquisaca*, *Charcas* ou *La Plata* (30 000 hab.), célèbre par ses mines d'argent. — On remarque, parmi les autres villes, *La Paz*, fameuse par ses mines d'or et la plus grande ville de la Bolivie (40 000 hab.); — *Potosi*, célèbre par ses mines d'argent; — *Cochabamba*; — *Cobija* ou *Lamar*, seul port de la Bolivie, sur l'océan Pacifique, près du grand désert sablonneux d'*Atacama*.

Les plus belles parties du pays sont au pied des Andes : il règne, dans les vallées de ces montagnes, un printemps perpétuel et la plus riche fécondité.

Les *Moxos* et les *Chiquitos* habitent dans la partie orientale de la république.

PÉROU.

Le Pérou est la contrée la plus occidentale de l'Amérique du sud, et s'étend sur le Grand océan, au S. de la Colombie et à l'O. du Brésil. La Cordillère des Andes, qui le traverse du N. O. au S. E., y est riche en mines d'or et d'argent, et les vallées qui s'ouvrent à sa base sont ornées de la plus brillante végétation.

A l'O. de ces montagnes, près de la côte du Grand océan, sont des plaines stériles, où il ne pleut jamais. La partie orientale du pays est composée de plaines humides, et arrosée par une foule de rivières, premiers affluents de l'Amazone, fleuve qu'on nomme *Tunguragua* dans son cours supérieur.

Le Pérou a longtemps été soumis à l'Espagne; il forme maintenant une république.

Les villes les plus considérables sont : *Lima* (60 000 hab.), capitale de la république, à l'O., près du Grand océan; *Callao* lui sert de port; — *Guamanga*, très-belle ville, au centre de la contrée; — *Cuzco*, au S. E., ancienne résidence des Incas, qui gouvernaient le Pérou avant la conquête des Espagnols; — *Arequipa*, au S., près d'un volcan du même nom; — *Arica*, port de mer, aussi au S.; — *Truxillo*, autre port, au N.

Le Pérou renferme 2 000 000 d'habitants.

Il s'y trouve un assez grand nombre d'Indiens, qui descendent la plupart de l'ancienne nation *Quichua*, autrefois puissante.

CHILI.

Le Chili est une contrée longue et étroite, renfermée entre les Andes et le Grand océan. Le sol est d'une fécondité remarquable, et il y règne le climat le plus doux de l'Amérique; mais les tremblements de terre sont fréquents et terribles. D'abondantes mines d'or, d'argent et de cuivre se trouvent dans les montagnes.

Le Chili compte 1 000 000 d'hab. Sa capitale est *Santiago* (80 000 hab.). Les autres villes principales sont

Valparaiso, *La Serena* ou *Coquimbo*, *Copiapo*, *La Concep-
tion*, *Valdivia*, ports de mer.

Dans le S. du Chili, habitent les *Araucanos*, indigènes
courageux, fiers et industrieux, que les Espagnols n'ont
jamais pu soumettre et qui ne se sont pas non plus réunis
à la nouvelle république chilienne.

Du Chili dépendent, au S., l'île de *Chiloé*, et, loin à l'O.,
les îles *Juan-Fernandez*, sur l'une desquelles a été aban-
donné le matelot anglais Selkirk, qui a donné lieu à l'histoire de Robinson Crusoé.

LA PLATA.

La confédération de la Plata, ou confédération Argen-
tine, s'étend au S. O. du Brésil, et s'avance à l'O. jusqu'aux Andes. Elle est arrosée à l'E. par le Parana et
l'Uruguay. Elle possédait il y a peu de temps une côte
assez étendue, mais cette partie maritime forme aujour-
d'hui une république à part sous le nom de *Buenos-Ayres*;
la confédération de la Plata n'est plus baignée aujour-
d'hui par le fleuve auquel elle doit son nom que vers sa
pointe S. E. et sur un espace très-étroit.

La Plata est une ancienne colonie espagnole. Sa population est de 1 500 000 habitants. Elle a pour capitale
Parana, qui n'est encore qu'une petite ville, sur la rive
gauche du Parana; les autres villes principales sont
Santa-Fe, sur la rive droite du Parana; *Mendoza*, *Cor-
dova*, *San-Luis*.

D'immenses plaines désertes et couvertes d'herbe, nommées *Pampas*, occupent l'intérieur, vers le S.

RÉPUBLIQUE DE BUENOS-AYRES.

La province de Buenos-Ayres faisait partie de la confédération de la Plata ; mais elle s'en est séparée il y a peu de temps, et a formé une petite république distincte, qui s'étend sur l'Atlantique et à la droite du Rio de la Plata, en face de la république de l'Uruguay ; elle occupe la côte depuis l'embouchure de la Plata jusqu'à celle du Rio Negro de Patagones.

Elle renferme environ 300 000 habitants, et a pour capitale *Buenos-Ayres*, grande ville, bien bâtie, de 80 000 âmes, qui occupe une position magnifique, sur la rive méridionale du Rio de la Plata.

URUGUAY.

La république de l'Uruguay, ou république Orientale de l'Uruguay, qui renferme environ 200 000 âmes, est une ancienne colonie espagnole, renfermée entre le Brésil, à l'E., la rivière Uruguay, à l'O., et le Rio de la Plata et l'Atlantique, au S.

C'est un pays fertile, surtout en pâturages, et la richesse principale consiste en bœufs et en chevaux, dont il y a d'innombrables troupeaux.

Montevideo, peuplée de 30 000 habitants, est la capitale de cette république.

PARAGUAY.

Loin de la mer, mais toujours sur le versant de l'Atlantique, se trouve la république du Paraguay, autrefois soumise à l'Espagne, et peuplée de 300 000 habitants. C'est un pays fertile, qui se trouve entre le Brésil et la Plata, et qui a pour bornes, suivant l'opinion commune, à l'E. et au S. le Parana, à l'O. la rivière à laquelle il doit son nom ; mais, d'après les prétentions élevées par le gouvernement du Paraguay, ses limites s'étendraient assez loin au delà de ces deux cours d'eau ; la capitale est l'*Assomption*, petite ville, sur le Paraguay. *Villarica* est la seconde ville de l'État. Les *Guaranis* et les *Payaguas* sont parmi les principaux peuples indigènes de ce pays.

BRÉSIL.

Le Brésil est la plus grande contrée de l'Amérique méridionale, dont il occupe l'est et le centre ; il équivaut à peu près aux trois quarts de l'Europe, et pourtant il ne renferme que 6 millions d'habitants. On peut diviser ce pays en deux grandes régions naturelles, celle du N. et celle du S. : la première se compose de vastes plaines marécageuses, chaudes et malsaines, couvertes d'épaisses forêts, et inondées par les eaux du *Tocantins* et celles de l'*Amazone*, ou plutôt du *fleuve des Amazones*, un des plus grands fleuves du monde ; — la seconde est montueuse, agréable, salubre, et arrosée par le *Saint-François*, le *Parana* et le *Paraguay :* elle produit en abondance du coton, du tabac, du sucre, du café, du cacao, de l'indigo, de l'ipécacuanha, et du *brésil* ou brésillet, bois de teinture rouge.

Après avoir longtemps dépendu du Portugal, le Brésil forme maintenant un empire particulier. Il est partagé en plusieurs provinces, dont voici les principales : au N., celle de *Para*, qui comprend la *Guyane brésilienne* ou *portugaise*, et où l'on remarque la ville de *Para* ou *Belem*, près de l'embouchure du Tocantins ;—à l'E., la province de *Pernambouc* ou *Fernambouc*; celle de *Bahia*, qui tire son nom de la baie *(bahia)* de *Tous les Saints*, et qui a pour chef-lieu la grande et florissante ville de *San-Salvador* ou *Bahia* (120 000 hab.); enfin la province de *Rio-de-Janeiro*, qui doit son nom à une belle baie sur laquelle est la ville de *Rio-de-Janeiro* ou *Saint-Sébastien*, capitale du Brésil, peuplée de 170 000 hab.; — au centre, la province de *Minas-Geraes*, célèbre par ses mines de diamants, d'or, etc., et la province de *Goyaz;* — à l'O., la grande province, presque déserte, de *Matto-Grosso;* — au S., la province de *Saint-Paul*, et celle de *Sainte-Catherine*, qui tire son nom d'une belle île qu'elle renferme.

Il y a un assez grand nombre d'Indiens dans le Brésil ; ils appartiennent la plupart à la grande famille des *Guaranis;* les *Topinambous* en sont un des principaux peuples.

AMÉRIQUE ANGLAISE.

Les possessions anglaises de l'Amérique peuvent se diviser en cinq parties : 1° l'*Amérique septentrionale anglaise* ou la *Nouvelle-Bretagne;* — 2° le *Yucatan anglais;* — 3° les *Antilles anglaises* et les *Bermudes;* — 4° la *Guyane anglaise;* — 5° les îles *Malouines* ou *Falkland.*

L'Amérique septentrionale anglaise ou la Nouvelle-

Bretagne s'étend dans les parties les plus septentrionales de l'Amérique, depuis l'océan Atlantique jusqu'au Grand océan. Elle renferme environ 2 000 000 d'habitants. La mer d'Hudson s'y enfonce très-profondément au N. E.; à côté et à l'E. de cette mer, on voit le *Labrador*; au S. E., vers le fleuve et le golfe Saint-Laurent, se trouvent le *Canada*, le *Nouveau-Brunswick*, la *Nouvelle-Écosse* ou *Acadie*, riches et importantes provinces. Les régions intérieures n'ont été encore qu'imparfaitement explorées.

L'île de *Terre-Neuve*, celle de *Saint-Jean* ou du *Prince-Édouard* et l'île de *Cap-Breton* ou île *Royale* dépendent, à l'E., de la Nouvelle-Bretagne; — l'île *Nootka* ou *Quadra-et-Vancouver* et l'île de la *Reine-Charlotte*, riche en or, en font partie à l'O.; — au nord, sont des terres froides et très-peu connues, comme la presqu'île *Melville*, la terre de *Cumberland*, la terre de *Baffin*, la *Boothia*, l'île *Cockburn*, le *Somerset septentrional*, le *Devon septentrional*, le *Lincoln septentrional*, les deux terres *Grinnell*, la terre du *Prince de Galles*, la terre du *Prince Albert*, les îles *Parry* (dont font partie l'île *Cornwallis* et l'île *Melville*), l'île *Baring* ou de *Banks*, l'île du *Prince Patrick*.

Québec, capitale du Canada, et *Montréal*, dans le même pays, peuplées de 50 à 60 000 habitants, et situées l'une et l'autre sur le Saint-Laurent, sont les deux plus grandes villes de l'Amérique septentrionale anglaise. On remarque aussi *Halifax*, port florissant de la Nouvelle-Écosse; *Saint-Jean*, à l'embouchure du fleuve du même nom, dans le Nouveau-Brunswick; une autre *Saint-Jean*, dans l'île de Terre-Neuve; *Louisbourg*, dans l'île de Cap-Breton.

Le commerce des fourrures est l'un des plus importants de ces contrées : il est surtout entre les mains de la grande compagnie dite de la Baie d'Hudson, qui a des relations avec les nombreuses tribus indiennes répandues dans l'intérieur, comme les *Iroquois*, les *Hurons*, les *Algonquins*, les *Chippeways* ou *Ojib-be-was*, les *Assiniboines*, les *Knistinaux*, les *Eskimaux*.

La France avait autrefois les parties orientales de la Nouvelle-Bretagne, c'est-à-dire, le Canada, l'Acadie, Terre-Neuve, etc. Elle les a perdues par les traités de 1713 et 1763.

Le Yucatan anglais est une colonie placée dans le S. E. du Yucatan, sur la côte occidentale du golfe de Honduras. On y exploite beaucoup d'acajou et de bois de teinture. Le chef-lieu est *Balize*.

Les Antilles anglaises ou les *Indes occidentales anglaises* se partagent en trois divisions principales :

Au N., on trouve les îles **Lucayes** ou **Bahama**, au nombre d'environ 500 ; ce sont les premières terres d'Amérique que vit Christophe Colomb, en 1492. On croit que la première où il aborda, et qu'il appela *San-Salvador*, est celle qu'on nomme aujourd'hui *Cat-Island*. L'île de la *Providence* est le siége de l'administration anglaise. Le chef-lieu est *Nassau*.

Au milieu, dans les **Grandes Antilles**, est la *Jamaique*.

Cette île, située à l'E. de Cuba, au S. O. d'Haïti, et remarquable par sa belle culture, a pour chef-lieu *Spanishtown*; mais la plus grande ville est *Kingston*.

Au S., dans les **Petites Antilles** ou **îles Caraïbes**, les Anglais ont *Tortola*, *Virgin-Gorda*, *Anegada*, *Saint-Christophe*, l'*Anguille*, la *Barboude*, *Antigoa*, *Nevis*, *Montserrat*, la *Dominique*, *Sainte-Lucie*, *Saint-Vincent*, la *Barbade*, la plus peuplée de toutes les Petites Antilles anglaises ; la *Grenade*, les *Grenadines*, *Tabago* et la *Trinité*.

Toutes ces îles sont généralement très-fertiles en sucre, café, coton, tabac, oranges et autres bons fruits.

Les îles **Bermudes** ou **Somers** sont situées assez loin au N. E. des Antilles et à l'E. de l'Amérique septentrionale, au milieu de l'océan Atlantique. Les principales sont *Bermude* et *Saint-George*.

La Guyane anglaise est sur la côte N. E. de l'Amérique

méridionale, entre la Guyane hollandaise, à l'E., et le Vénézuéla, à l'O. L'*Esséquébo*, le *Démérari* et la *Berbice* l'arrosent. *Georgetown*, ville de 25 000 âmes, à l'embouchure du Démérari, en est le chef-lieu. C'est, de toutes les Guyanes, la plus peuplée et la plus florissante.

Les îles MALOUINES ou FALKLAND, à l'E. de la Patagonie, ont été longtemps possédées par les Espagnols ; elles furent colonisées dans le XVIIIᵉ siècle par des Français de Saint-Malo ; aujourd'hui les Anglais y ont plusieurs établissements. Ils en ont un aussi sur l'île des *États*, au S. O. des Malouines, près et à l'E. de la Terre de Feu.

POSSESSIONS DE LA FRANCE, DE L'ESPAGNE, DE LA RUSSIE, DE LA HOLLANDE, DU DANEMARK ET DE LA SUÈDE.

LES POSSESSIONS FRANÇAISES de l'Amérique se divisent en trois parties : *les Antilles françaises*, la *Guyane française* et les petites îles sur la *côte de Terre-Neuve*.

Les deux plus importantes **Antilles françaises** sont la *Guadeloupe* et la *Martinique*, découvertes par Colomb en 1493 et situées dans les Petites Antilles ou îles du Vent.

La Guadeloupe se compose de deux parties, séparées l'une de l'autre par un petit bras de mer. La partie orientale s'appelle *Grande-Terre*, et présente un territoire plat, le mieux cultivé et le plus peuplé de la colonie. La partie occidentale, qu'on nomme *Basse-Terre*, est hérissée de hautes montagnes, dont la principale est le volcan très-actif de la *Soufrière*. Le chef-lieu est la *Basse-Terre*, jolie petite ville, agréablement située sur la côte occidentale de la partie à laquelle elle donne son nom.

La *Pointe-à-Pitre*, chef-lieu de la Grande-Terre, est

la ville la plus importante de la colonie ; elle a 12 000 habitants et un port spacieux.

Près de la Guadeloupe, la France possède encore la petite île de *Marie-Galante*, celle de la *Désirade* et le petit groupe des *Saintes*.

La Martinique, assez loin au sud de la Guadeloupe, offre, dans l'intérieur, des montagnes volcaniques, hérissées de rochers et couvertes de forêts. Le sol est couvert de riches plantations dans les régions basses voisines des côtes ; on y cultive la canne à sucre, le meilleur café des Antilles, le cacao, le tabac, les bananes, les patates, le manioc.

Fort-de-France ou *Fort-Royal*, avec un port excellent, est le chef-lieu de la Martinique. — *Saint-Pierre*, autre port, est le centre du commerce de l'île.

Les Français ont, en outre, dans les Petites Antilles, la partie septentrionale de *Saint-Martin*, dont le sud est aux Hollandais.

La population de toutes les Antilles françaises est de 150 000 habitants.

La **Guyane française** est située dans le N. E. de l'Amérique méridionale ; elle est baignée par l'océan Atlantique au N. et à l'E. ; elle est séparée, à l'O., de la Guyane hollandaise, par le *Maroni*, et elle touche, vers le S. et le S. E., à la Guyane brésilienne. La population (sans les indigènes) est de 25 000 habitants, dont la plupart sont des gens de couleur. Les côtes sont plates et bordées de forêts de mangliers ; mais les forêts de grands arbres ne commencent qu'à 80 kilomètres de la côte. Le climat n'est pas malsain, si ce n'est de novembre à juin, dans la saison des pluies, comme dans toutes les régions tropicales. On y cultive la canne à sucre, le coton, le cacao, la cannelle, le poivre, le girofle, le manioc, l'igname, le maïs, les bananes.

Le chef-lieu est *Cayenne*, petite ville et port de mer, sur l'île du même nom.

Dans l'Amérique septentrionale, la France a, pendant longtemps, possédé d'importantes contrées, telles que la Louisiane, le Canada, etc. ; elle n'a plus que les petites îles de **Saint-Pierre** et **Miquelon**, près de la côte méridionale de Terre-Neuve. La pêche est la principale industrie de ces îles, au nombre de trois : *Saint-Pierre*, *Miquelon proprement dite*, et la *Petite Miquelon*.

Les POSSESSIONS ESPAGNOLES embrassaient autrefois la plus grande partie de l'Amérique : c'est-à-dire, le Mexique ou la Nouvelle-Espagne ; la capitainerie générale de Guatémala ; la Floride ; les royaumes de Terre-Ferme et de Quito (maintenant la Nouvelle-Grenade, le Vénézuéla et l'Equateur) ; le Pérou, le Chili, la vice-royauté de Buenos-Ayres. Aujourd'hui l'Espagne n'a plus que deux îles dans les Antilles : l'une est *Cuba*, la plus considérable et la plus occidentale des Grandes Antilles ; l'autre est *Porto-Rico*, la plus orientale de ces mêmes Antilles.

Cuba s'allonge de l'O. à l'E. l'espace d'environ 1200 kilomètres, devant le golfe du Mexique, entre la presqu'île de Yucatan et l'île d'Haïti ; elle présente le plus bel aspect, et produit en abondance le sucre, le café, les ananas, les oranges et autres excellents fruits, le bois d'acajou et un tabac renommé. *La Havane*, sur la côte septentrionale, avec un très-beau port et 140 000 habitants, en est la capitale.

Porto-Rico, ou mieux **Puerto-Rico**, à l'E. d'Haïti, est la moins considérable des Grandes Antilles : elle a, comme les autres, un aspect agréable et un sol fertile ; sa capitale est *San-Juan-de-Puerto-Rico*, ou simplement *Puerto-Rico*, sur la côte septentrionale.

Les POSSESSIONS RUSSES en Amérique comprennent l'extrémité N. O. de l'Amérique septentrionale ; elles forment une assez grande contrée, qu'on appelle RUSSIE AMÉRICAINE ou AMÉRIQUE RUSSE. Ce pays est située à l'O. de la Nouvelle-Bretagne, entre le Grand océan et l'océan Glacial, en face de la Sibérie, dont le détroit de Beering le sépare. Ses côtes et les nombreuses îles qui les bordent sont la seule partie fréquentée et connue des

Européens. La population en est presque uniquement composée de peuplades sauvages. La presqu'île d'*Alaska*, les îles *Aléoutiennes* et l'archipel du *Roi George III* en font partie. C'est dans ce dernier que se trouve la *Nouvelle-Arkhangel*, chef-lieu des possessions russes en Amérique.

Les possessions hollandaises se composent d'une partie de l'Amérique méridionale et de quelques Antilles.

La **Guyane hollandaise** est sur la côte N. E. de l'Amérique méridionale, entre la Guyane anglaise et la Guyane française. Le *Surinam* l'arrose du S. au N., et offre des bords riches et bien cultivés en coton, sucre, café, etc. C'est vers son embouchure qu'est situé le chef-lieu de la colonie, *Paramaribo*, belle ville de 20 000 habitants.

Les **Antilles hollandaises** sont : 1° *Saint-Eustache*, *Saba* et la moitié de *Saint-Martin*, qui font partie des îles du Vent ; 2° *Curaçao*, *Buen-Ayre* et *Aruba* ou *Oruba*, dans les îles sous le Vent, près de la côte septentrionale de l'Amérique du sud.

Les possessions danoises de l'Amérique sont divisées en trois parties : le *Groenland*, l'*Islande*, et les *Petites Antilles danoises*.

Le **Groenland**, c'est-à-dire *Terre verte*, a reçu son nom de l'aspect verdâtre qu'offrait la mousse de ses rivages aux Islandais qui le découvrirent dans le xe siècle. Son extrémité méridionale, formée par le cap *Farewell*, s'avance dans l'océan Atlantique. Ailleurs il est enveloppé par l'océan Glacial arctique ; il a à l'O. le détroit de *Davis*, la mer de *Baffin* et le détroit de *Smith*. Vers le N., les bornes de ce pays sont tout à fait ignorées. La terre la plus boréale qu'on y ait trouvée est celle de *Washington*, vue par Kane en 1854.

En général, c'est une contrée encore peu connue, exposée à des froids rigoureux, à des brumes épaisses, et couverte de rochers et de glaciers.

Les Danois ont leurs établissements sur la côte occidentale. Les indigènes se nomment *Eskimaux, Innout* ou *Huskis.* Ils sont de très-petite taille, et ressemblent aux Lapons et aux Samoïèdes de l'Europe et de l'Asie ; ils s'occupent presque uniquement de la pêche, et habitent, pendant l'hiver, des demeures souterraines qu'ils se creusent près de la mer.

L'***Islande,*** à l'E. du Groenland, entre l'Atlantique et l'océan Glacial, est souvent rattachée à l'Europe par les géographes ; cependant elle fait réellement partie de l'Amérique. Le nom de cette île signifie *terre de glace;* c'est un pays froid et stérile, mais intéressant par ses curiosités naturelles. Il y a de nombreuses montagnes volcaniques, dont la plus célèbre est le mont Hekla, au S. Le chef-lieu est *Reykiavik,* sur la côte S. O.

Les ***Antilles danoises*** se trouvent toutes comprises dans le groupe des îles *Vierges,* qui sont les plus septentrionales des Antilles, à l'E. de Porto-Rico. Ce sont : *Saint-Thomas* dont le chef-lieu, qui porte le même nom, est un des ports les plus commerçants d'Amérique; — *Saint-Jean;* — et *Sainte-Croix,* la plus grande de ces trois îles, très-fertile, mais malsaine.

Les possessions suédoises ne comprennent que l'île de *Saint-Barthélemy,* dans le N. des Petites Antilles.

PEUPLES INDIGÈNES DE L'AMÉRIQUE;
PATAGONIE.

Les *indigènes américains,* au teint d'un rouge de cuivre, ont reçu le nom général d'*Indiens,* parce que, à l'époque de la découverte de l'Amérique par Colomb, on prit ces terres nouvelles pour les parties de l'Inde les plus avancées vers l'E. : ils sont peut-être les descendants d'anciennes colonies de la race jaune ou mongolique; du moins, les Eskimaux, qui habitent les contrées les plus septentrionales, appartiennent certainement à cette race.

La plupart des Indiens sont maintenant compris dans les États ou les colonies fondés par les Européens, et l'on a nommé les plus importantes peuplades qui se trouvent dans chacune de ces divisions. Il n'y a plus guère aujourd'hui qu'une seule contrée indigène distincte et indépendante : c'est la PATAGONIE, située à l'extrémité méridionale de l'Amérique; elle s'étend considérablement du N. au S., mais peu de l'E. à l'O.; elle est pressée entre le Grand océan et l'Atlantique, et se termine au S. par le cap Horn. Elle se divise en deux parties principales : la *Patagonie propre*, au N., et la *Terre de Feu*, au S. La Patagonie propre, d'un aspect triste et sauvage, est exposée à des vents impétueux; elle est habitée par les *Patagons*, peuples doux et paisibles, excellents cavaliers, et habiles à manier la fronde; ils ont les jambes et les cuisses assez courtes, mais le haut du corps fort long, ce qui leur donne une apparence gigantesque quand ils sont assis ou à cheval. — La Terre de Feu fut ainsi nommée du feu et de la fumée qu'y aperçut, dans le lointain, le voyageur Magellan, quand il la découvrit en 1520, et qui provenaient sans doute des feux allumés par les indigènes pour se chauffer; elle est séparée de la Patagonie propre par le détroit de *Magellan*; cette région est froide et aride, et ses habitants ont l'aspect le plus misérable. — Près et à l'E. de la Terre de Feu, est l'île des *États*, dont le climat est aussi très-rigoureux.

DESCRIPTION DE L'OCÉANIE.

L'Océanie se compose de quatre parties : 1° la *Malaisie*, à l'O., vers la mer de Chine et l'océan Indien ; — la *Mélanésie* (région des *nègres*), au S. ; — la *Micronésie* (région des *petites îles*, au N.) ; — la *Polynésie* (région des *nombreuses îles*), à l'E., à travers le Grand océan. .

MALAISIE.

La Malaisie, qu'on appelle quelquefois l'*Archipel indien* ou *Archipel asiatique*, renferme un grand nombre de belles îles.

A l'O. et au S., se trouve l'archipel de la *Sonde*, formant une longue chaîne dirigée d'abord du N. O. au S. E., puis de l'O. à l'E., et dont les principales îles sont : 1° *Sumatra*, allongée du N O. au S. E., traversée par l'équateur, et partagée entre des Etats indigènes (tels que ceux d'*Achem* et des *Battas*) et les Hollandais, qui y possèdent *Padang, Bencoulen, Palembang*, etc. — 2° *Java*, belle île, allongée de l'O. à l'E., et tout entière aux Hollandais, avec les villes de *Batavia, Samarang, Sourabaya*, etc. — 3° *Bali, Lombok, Sumbava, Florès, Sumba* ou l'île du *Sandal, Timor, Timorlaout, Banca, Billiton, Madura*, le groupe de *Rio*.

Au milieu, on rencontre : 1° la grande île de *Bornéo*, presque circulaire, traversée par l'équateur, et qui offre, vers le nord, le royaume et la ville de *Bornéo* ; vers l'O. et le S., des possessions hollandaises, entre autres, les territoires de *Sambas*, de *Pontianak* et de *Bandjermassing* ; dans l'intérieur, des populations sauvages.— 2° L'archipel

Soulou, habité surtout par des pirates, au N. E. de Bornéo. — 3° L'île de *Célèbes*, remarquable par sa forme très-irrégulière et par la beauté de ses aspects. *Macassar*, aux Hollandais, en est une des villes principales.

A l'E., sont les îles *Moluques* ou les îles *aux Épices*, ainsi nommées des girofliers et des muscadiers qui y abondent. Les principales sont *Gilolo*, *Céram*, *Amboine*, les îles *Banda*.

Au N., se trouvent les îles *Philippines*, dont les plus importantes sont *Luçon*, longue et belle île, *Mindanao*, *Mindoro*, *Palaouan*.

Les HOLLANDAIS sont les plus puissants dans la Malaisie : leurs possessions y comptent environ 20 000 000 d'habitants ; ils possèdent toute l'île de Java, où se trouve *Batavia* (70 000 hab.), capitale de leurs colonies océaniennes ; ils ont des établissements à Sumatra et dans presque toutes les autres îles de la Sonde, ainsi qu'à Bornéo, à Célèbes, et aux Moluques, où se trouve l'importante ville d'*Amboine*.

Les ESPAGNOLS possèdent une grande partie des Philippines, où leur ville la plus importante est *Manille*, (140 000 hab.), dans l'île de Luçon.

Les PORTUGAIS ont une petite partie de Timor.

Les ANGLAIS ont la petite île de *Labouan*, au N. O. de Bornéo ; et le royaume de *Sarawak*, sur la côte N. O. de cette grande île, est soumis à leur influence.

Les MALAIS sont un peuple indigène, répandu dans toute la Malaisie, principalement sur les côtes, où ils font un commerce actif ; ils forment des États indépendants assez nombreux dans plusieurs parties de Sumatra, de Bornéo, de Célèbes, de Lombok, de Sumbava, de Florès, de Sumba ; — dans quelques-unes des Moluques ; — à Mindanao et à Palaouan (dans les Philippines) ; — ils ont tout l'archipel Soulou. Ils se distinguent par leur intelligence, leur habileté dans la navigation, mais aussi par leur piraterie et leurs usages cruels.

L'intérieur de Bornéo et de quelques autres grandes îles a encore un certain nombre d'*aborigènes nègres*, habitants plus anciens que les Malais, et refoulés par ceux-ci dans les montagnes et les forêts. les *Dayaks* de Bornéo sont les plus remarquables.

MÉLANÉSIE.

La Mélanésie a pour terre principale l'*Australie* ou la *Nouvelle-Hollande*, grande contrée qui s'étend de l'E. à l'O. l'espace de 4500 kilomètres, sur une largeur de 2000 kilomètres, du N. au S.; l'intérieur en est encore inconnu. On remarque sur la côte septentrionale le golfe de *Carpentarie;* le cap *York* la termine au N., et le cap *Wilson* au S.; la côte méridionale offre les golfes de *Spencer* et de *Saint-Vincent;* c'est près de ce dernier qu'est l'embouchure du *Murray*, le plus grand fleuve connu du pays; et c'est au N. du golfe de Spencer que se trouve le plus grand lac qu'on ait vu dans l'Océanie, le lac *Torrens*. Sur la côte N. O., débouche la *Victoria*, qui paraît un des principaux fleuves de ce continent. La partie orientale est traversée, du N. au S., par la chaîne des montagnes *Bleues* et des *Alpes australiennes*, où l'on exploite de très-riches mines d'or.

L'Australie appartient aux Anglais, qui l'ont partagée en cinq parties : 1°, à l'E., la *Nouvelle-Galles méridionale*, qui, dans l'origine, était destinée principalement à recevoir les condamnés; la capitale en est *Sydney*, sur le beau port *Jackson;* on remarque, au S. de cette ville, la baie appelée *Botany-Bay*, où les Anglais ont commencé leurs colonies de l'Australie; — 2°, au S. E., la province de *Victoria*, qui a pris en peu de temps un développement prodigieux, par

suite des abondantes mines d'or qu'on y a découvertes ;
on y trouve la ville florissante de *Melbourne*, sur le port
Philip; — 3° *l'Australie méridionale*, avec la ville d'*Adé-
laïde*, vers le golfe de Saint-Vincent ; — 4° *l'Australie
occidentale*, dont la ville principale est *Perth* et où l'on
envoie des condamnés ; — 5° *l'Australie septentrionale*, où
l'on remarque une ville de *Victoria* et *Port-Essington*.

Deux autres grandes terres sont près de la Nouvelle-
Hollande : au S. E., est la *Tasmanie* ou *Terre de Diemen*,
belle colonie anglaise, qui a pour chef-lieu *Hobart-town*,
— au N., se trouve la *Nouvelle-Guinée* ou *Terre des Papous*, île très-belle et très-grande, séparée du continent
par le détroit de Torres, et où les Hollandais ont un important établissement. Au S. E. de la Nouvelle-Guinée,
est la *Terre de la Louisiade*.

On remarque, dans la partie orientale de la Mélanésie :
l'archipel de la *Nouvelle-Bretagne*, dont les deux îles principales sont la *Nouvelle-Bretagne proprement dite* et la
Nouvelle-Irlande ; — l'archipel *Salomon ;* — celui de *Santa-
Cruz*, de la *Reine Charlotte* ou de *La Pérouse*, sur les
écueils duquel le célèbre La Pérouse a fait naufrage, vers
l'île de *Vanikoro ;* — les *Nouvelles-Hébrides* ou les *Grandes
Cyclades*, dont l'île principale est la *Terre du Saint-Esprit ;*
— la longue île de la *Nouvelle-Calédonie* et la petite île
des *Pins*, qui appartiennent à la France ; — et les îles *Viti*
ou *Fidji*, riches en bois de sandal et habitées par un
peuple cruel et anthropophage.

Toutes ces îles sont environnées de récifs très-dange-
reux.

En résumé, les ANGLAIS, les HOLLANDAIS et les FRANÇAIS
sont les nations européennes qui ont des possessions dans
la Mélanésie.

Les Anglais ont l'Australie et la Tasmanie, et la population qui leur est soumise dans ces deux contrées peut
s'élever à 600 000 habitants. Ils ont aussi la petite île
Norfolk, située à l'E. de l'Australie, et qui est un dépôt
de condamnés.

Les Hollandais possèdent la partie occidentale de la Nouvelle-Guinée, où leur principal établissement est *Dubus*.

Les Français ont la Nouvelle-Calédonie ou l'île Balade, avec l'île des Pins, qui en est très-voisine, et les îles Halgan, Chabrol et Britannia, situées un peu à l'E.

Les INDIGÈNES de la Mélanésie sont des NÈGRES, la plupart fort abrutis et fort sauvages, d'un aspect misérable et repoussant. Les *Papous* ou *Papouas* sont une de leurs populations principales. On les trouve surtout sur les côtes de la Nouvelle-Guinée; l'intérieur de cette grande île, l'Australie et la plupart des autres terres de la Mélanésie sont habités par les *Alfourous* ou *Haraforas*, qui sont plus sauvages encore que les Papous.

Il n'y a plus d'indigènes dans la Tasmanie: on en a réuni les dernières peuplades dans les petites îles du détroit de *Bass*, qui sépare cette terre de l'Australie.

MICRONÉSIE.

La Micronésie comprend, au N., l'archipel *Magellan*; — à l'O., les îles *Pelew* ou *Palaos* et les îles *Mariannes* (autrefois des *Larrons*), qui appartiennent aux Espagnols, et dont la principale est *Gouam*; — au milieu, les îles *Carolines*; — à l'E., les îles *Marshall*, composées de l'archipel *Ralich*, de l'archipel *Radach* (où se trouve le groupe *Mulgrave*), et de l'archipel *Gilbert*.

Les ESPAGNOLS sont les seuls Européens qui aient des possessions dans la Micronésie; ils y ont les Mariannes, et le chef-lieu de leur gouvernement y est *Agagna*, dans l'île de Gouam. — Les JAPONAIS possèdent les îles *Bonin* ou *Monin*, dans l'archipel Magellan.

Les ɪɴᴅɪɢèɴᴇs de la Micronésie sont un mélange de Mᴀʟᴀɪs et de populations de race ᴍᴏɴɢᴏʟɪǫᴜᴇ. Les principaux sont les *Carolins*, dont un des Etats les plus importants est celui de *Lamoursek*.

POLYNÉSIE.

La Pᴏʟʏɴᴇsɪᴇ renferme :

Au N., les îles *Sandwich* ou *Haouaii*, dont les principales sont *Haouaii* et *Oahou*, et dont les habitants sont déjà presque tous chrétiens et assez avancés dans la civilisation. Elles forment un royaume, dont la capitale est *Honoloulou*, dans l'île d'Oahou.

A l'O., les jolies îles *Samoa* ou des *Navigateurs*, et les îles *Tonga* ou des *Amis*, dont la principale est *Tonga-Tabou*.

Au milieu, les îles *Mangia*, appelées aussi îles d'*Hervey* ou de *Cook*; — les îles *Taïti* ou de la *Société*, dont les principales sont *Taïti* ou *O-Taïti* (capitale, Papéiti), *Ouahine*, *Bora-Bora*, *Raïatea*; — l'archipel *Pomotou* ou des *îles Basses*, parsemé de nombreux récifs, et auquel on peut rattacher les îles *Mangaréva* ou *Gambier*; — les îles *Mendaña* ou *Marquises*, dont les principales sont *Noukahiva*, *Tahouata* et *Hiva-hoa*.

A l'E., l'île de *Páques* ou *Ouaihou*, amas de rochers basaltiques, loin de toute grande terre et de tout archipel; cependant elle est habitée.

Au S., la *Nouvelle-Zélande*, composée principalement de deux grandes îles, *Ica-na-maoui*, au N., et *Tavaï-Pounamou*, au S., séparées l'une de l'autre par le détroit de Cook; il s'y trouve une troisième île, plus méridionale et beaucoup moins considérable, nommée *Stewart*. Les indigènes de la Nouvelle-Zélande sont de redoutables anthropophages, et sont renommés par leur curieux tatouage. — A l'E. de cette contrée, sont les îles *Chatham* ou *Broughton;* — au S., les îles *Auckland* et *Macquarie.*

C'est au S. E. de la Nouvelle-Zélande que se trouvent, dans la mer, les *antipodes de Paris.*

On rattache à l'Océanie plusieurs des terres antarctiques, comme la *Terre Clarie*, la *Terre Adélie*, et la *Terre Victoria*, la plus méridionale des régions connues. Elles sont couvertes de glace et inhabitables.

La FRANCE et l'ANGLETERRE sont les seules puissances européennes qui aient des possessions dans la Polynésie. La première occupe les Marquises, où ses principaux établissements sont *Taiohaé*, dans l'île Noukahiva, et *Vaitahou*, dans l'île Tahouata, et elle exerce un protectorat sur l'île Taïti et quelques petites îles du même archipel, ainsi que sur les îles Mangaréva, dans l'archipel Pomotou. La seconde a pris possession de la Nouvelle-Zélande, où ses villes principales sont *Auckland*, *Wellington* et *Nelson.* Les îles Chatham, Auckland et Macquarie lui appartiennent aussi.

Les INDIGÈNES POLYNÉSIENS paraissent appartenir à la race malaise; leur taille est élevée, leur corps bien proportionné, leur teint olivâtre; leurs traits sont réguliers et beaux; mais ils se couvrent d'un tatouage bizarre. Leurs pirogues sont faites avec beaucoup d'art, et ils sont excellents navigateurs. L'anthropophagie et d'autres usages cruels sont encore communs parmi eux. Cependant ils sont intelligents, et le christianisme et la civilisation se sont déjà introduits dans plusieurs îles. Leurs principaux États sont ceux des îles Haouaii et des îles Tonga.

TABLE DES MATIÈRES.

DESCRIPTION DE L'OCÉANIE.

FIN DE LA TABLE DES MATIÈRES.

TYPOGRAPHIE DE CH. LAHURE
Imprimeur du Sénat et de la Cour de Cassation
rue de Vaugirard, 9

9 782013 422758